Esoterische Orden und ihre Werke

Dion Fortune

Verlag Heliakon

Verlag Heliakon

Original Titel: Esoteric Orders and their Work
Übersetzer: Osmar Henry Syring

Umschlaggestaltung: Verlag Heliakon
Titelbild: Pixabay (Brun-nO)

Druck und Vertrieb: BoD - Books on Demand, Norderstedt

ISBN: 978-3-943208-86-3

www.verlag-heliakon.de
info@verlag-heliakon.de

Die Deutsche Nationalbibliothek verzeichnet diese Publikation in der Deutschen Nationalbibliografie; detaillierte bibliografische Daten sind im Internet über www.dnb.de abrufbar.

Inhaltsverzeichnis

Einleitung

In allen Zeitaltern und bei allen menschlichen Rassen gab es eine Tradition hinsichtlich bestimmter esoterischer Schulen oder Bruderschaften, in denen eine geheime, der Mehrheit der Menschheit unbekannte Weisheit erlernt werden konnte. Die Aufnahme erfolgte durch eine Einweihung, bei der Prüfungen und Rituale eine Rolle spielten.

Wer mit der Literatur der Volkskunde und Anthropologie vertraut ist, weiß, dass diese Überzeugungen bei den Naturvölkern, von den Eskimos am Polarkreis bis zu den Indianern Feuerlands[1], existieren. Jeder, der Geschichte studiert hat, weiß, dass sie seit den Anfängen der menschlichen Kultur weit verbreitet waren.

Auch heute, in den Zentren der zivilisierten Welt, sind diese Überzeugungen immer noch lebendig; und obwohl sie vielleicht von den Orthodoxen lächerlich gemacht werden, kann ein unvoreingenommener Beobachter nicht umhin festzustellen, dass einige der edelsten Menschen zu ihren Verfechtern gehörten, und dass die größten schöpferischen Intelligenzen fast ausnahmslos von einer Inspirationsquelle im Unsichtbaren Zeugnis abgelegt haben.

Es ist schwer zu glauben, dass dieses Gerücht so weit verbreitet und so langlebig sein könnte, wenn es völlig unbegründet

1) Fuegians sind einer der drei Stämme von Ureinwohnern von Feuerland , an der Südspitze von Südamerika . Im Englischen bezog sich der Begriff ursprünglich auf die Yaghan in Feuerland. Im Spanischen kann sich der Begriff Fueguino auf jede Person aus dem Archipel beziehen. (Wikipedia) (Anm. d. Übers.)

wäre; außerdem ist die Tatsache, dass es in der gleichen Form bei Rassen weiterbestand, die keinen Umgang miteinander hatten, wie die ursprünglichen Mexikaner und Ägypter, ein weiterer Beweis für seine Wahrheit. Es ist nicht möglich, Außenstehenden die Existenz dieser Organisationen zu beweisen, auf die wir uns beziehen, denn mit der Enthüllung ihrer Geheimnisse kommt die Verpflichtung zum Schweigen.

Es ist jedoch zulässig, genügend Informationen zu geben, um den ernsthaft Suchenden in die Lage zu versetzen, den Weg zu erkennen, auf dem er sich dem Zutritt zu der einen oder anderen dieser Schulen nähern kann. Zu diesem Zweck wird dem Leser die folgende Lehre über die esoterischen Orden und ihre Funktionen vorgelegt, obwohl die Beweise für die darin enthaltenen Aussagen notwendigerweise zurückgehalten werden müssen, bis er selbst berechtigt ist, sie zu empfangen.

Die verschiedenen okkulten Schulen bezeichnen sich als Träger einer geheimen traditionellen Wissenschaft, die ihnen in erster Linie von göttlichen Gründern übermittelt und die von Zeit zu Zeit von großen Lehrern bereichert und überarbeitet wurde.

Diese Wissenschaft befasst sich mit dem Studium der Ursachen, die hinter beobachtbaren Phänomenen liegen und diese bedingen. Die okkulten Bruderschaften sind bereit, nach vorheriger Prüfung des Charakters und der Eignung, akzeptierten Kandidaten die Theorie dieser Wissenschaft zu lehren und anschließend durch rituelle Einweihungen die Kräfte für deren praktischen Gebrauch zu vermitteln. Dies sind die Behauptungen, die über die okkulten Schulen von denen gemacht werden, die kompetent sind, in ihrem Namen zu sprechen.

Es wird oft und zu Recht gefragt, warum es so ist, dass Gesellschaften, die erklärtermaßen für den Dienst an der Menschheit gegründet wurden und solch wertvolle Lehren zu vermitteln haben, diese nicht frei weitergeben sollten; sollten sie nicht darüber hinaus aktive Propagandaarbeit betreiben, um Menschen zu veranlassen, sich ihnen anzuschließen und an ihrer Weisheit teilzuhaben, anstatt sich zu verstecken, als ob sie mit jedem möglichen Mittel versuchten, Beachtung zu vermeiden und zu verhindern, dass sie von denen entdeckt werden, die von ihnen lernen könnten?

Die Antwort auf diese Frage wird sich ergeben, wenn die Natur der okkulten Wissenschaft verstanden wird. Es geht um bestimmte, wenig bekannte Mächte des menschlichen Verstandes und bestimmte, wenig verstandene Aspekte der Natur. Wären die Forschungen zu diesen Themen rein theoretisch, gäbe es keine Notwendigkeit, ihre Ergebnisse so sorgfältig zu beschützen, aber die Kenntnis dieser so entdeckten Tatsachen zeigt sofort ihre praktischen Anwendungen.

Wissen verleiht Macht in diesem Bereich der Forschung, sogar noch mehr als in den Bereichen, die von der orthodoxen Wissenschaft erforscht werden, denn die Macht, die auf diese Weise verfügbar gemacht wird, ist die Macht des Geistes, und die Auswirkungen des Gebrauchs dieser Macht sind so weitreichend, ob zum Guten oder zum Bösen, dass es eine Sache ist, die nicht leichtfertig in die Hände eines Menschen gelegt werden sollte. So wie Arzneimittelgesetze den Kauf und die Verabreichung von gefährlichen Drogen einschränken, so versuchen diejenigen, die Hüter dieses alten traditionellen Wissens sind, dessen Verwendung zu schützen. Da es von so subtiler Natur ist, ist es unmöglich, es vor Missbrauch durch skrupellose Personen zu schützen, und deshalb tun seine Hüter alles in ihrer Macht Stehende, um zu verhindern, dass solche Personen Zugang erhalten. Daher die Einschränkungen, mit denen diese Lehre abgesichert ist. Aber die Einschränkungen sind nicht gravierender als bei der Ausübung des Arztberufs, für den eine fünfjährige, beschwerliche Ausbildung erforderlich ist.

Wir sind jedoch so sehr daran gewöhnt, dass spirituellen Lehren frei zugänglich sind und den Ruf zu hören: „Alle, die ihr durstig seid, kommt zu den Wassern des Lebens und trinkt", dass wir eine Politik nicht verstehen können, die denen, die durstig sind, Wasser aus dieser Quelle verweigert.

Der Grund dafür wird von den Möchtegern-Neophyten nicht richtig verstanden und liegt in der Tatsache, dass die okkulte Wissenschaft eine mentale Wissenschaft ist und keine spirituelle Sache, und dass sie an sich weder gut noch schlecht ist.

Die okkulte Wissenschaft kann sehr wirkungsvoll für das Gute oder das Böse sein, je nachdem, wie sie eingesetzt wird: sie kann Seelen durch bestimmte Mittel retten, wenn alles andere versagen würde; aber sie kann sie auch, ohne jede böse Absicht, zerstören.

Es ist kein Kinderspiel, und es gibt nur wenige, die für diesen Weg geeignet sind. Nichtsdestotrotz, für diejenigen, die es wagen wollen, ist dies ein edles Streben für die Seele, ein wahrer Kreuzzug gegen die Mächte der Finsternis und die geistige Bosheit in hohen Positionen. An den verborgenen Orten der Welt gibt es so viel okkultes Böses, das von denen, die ihm nicht von Angesicht zu Angesicht begegnet sind, kaum erahnt wird, dass Männer und Frauen mit Mut, Kraft und dem nötigen Wissen benötigt werden, um damit umzugehen.

Die Ausbildung in den okkulten Schulen soll einen Adepten hervorbringen, einen Menschen, der sich durch intensives Training über die durchschnittliche Entwicklung der Menschheit erhoben hat und sich dem Dienst an Gott widmet.

Bestimmte Arbeiten im Zusammenhang mit der Evolution und der spirituellen Entwicklung und dem Schutz der Nationen werden von hoch ausgebildeten Männern und Frauen durchgeführt, obwohl ihre Arbeit nie gesehen wird und der Ort ihrer

Ausbildung nicht bekannt ist. Ihre eigentliche Ausbildung, so kann man sagen, findet auf den inneren Ebenen statt, und nur die vorbereitende Ausbildung, die sie für die inneren Schulen qualifiziert, findet auf den physischen Ebenen statt.

Das Bewusstsein ist dann vorbereitet für seine große Suche und wagt sich allein ins Unsichtbare.

Es kann nicht viel über diese Ausbildung gesagt werden, und nicht viele sind dafür geeignet, aber es wurde genug gesagt, um Denkanstöße zu geben.

Esoterik, Okkultismus und Mystik

Bevor wir mit dem Studium des Themas dieses Buches, „Die esoterischen Orden und ihr Werk“, beginnen, ist es notwendig, den Sinn zu definieren, in dem der Begriff Esoterik verwendet wird, um alle Aspekte der metaphysischen Wissenschaft zu umfassen. Dies zu tun, ist jedoch schwierig, da es ein relativer Begriff ist, der als Gegenbegriff zur Exoterik[1] verwendet wird.

Die Esoterik beginnt dort, wo die Exoterik endet; und so wie die Grenzen der exoterischen Wissenschaft immer weiter fortschreiten, so weichen die Grenzen der Esoterik immer weiter zurück; das, was den Eingeweihten Ägyptens gelehrt wurde, wird den Schulkindern Englands beigebracht. Lesen, Schreiben und Rechnen waren einst okkulte Künste.

Das betrifft auch die tieferen Aspekte der Hypnose, obwohl einige ihrer unbedeutenden Aspekte von exoterischen Wissenschaftlern wiederentdeckt worden sind. Mit dem Fortschreiten der Evolution wird der Durchschnittsmensch zu dem fähig, was früher nur dem Ausnahmemenschen möglich war. Wie der zivilisierte Mensch zum Wilden steht, so steht der Adept zum Durchschnittsmenschen. Die Kräfte des zivilisierten Menschen erscheinen dem Wilden als Wunder, weil er die Gesetze, auf denen sie beruhen, nicht kennt; aber der zivilisierte Mensch weiß nur zu gut, dass er das Gebiet der Gesetze nicht überschreitet, wenn er wie ein Vogel fliegt oder Kranke heilt; er erreicht seine

1) Esoterik ist in der ursprünglichen Bedeutung des Begriffs eine philosophische Lehre, die nur für einen begrenzten „inneren“ Personenkreis zugänglich ist, im Gegensatz zu Exoterik als allgemein zugänglichem Wissen. (Wikipedia) (Anm. d. Übers)

Ergebnisse, indem er bestimmte Naturgesetze kennt und sie sich zunutze macht, und das tut auch der Adept.

Der einzelne Wilde mag in der Lage sein, von der Bildung zu profitieren, oder auch nicht; es hängt von seinen Fähigkeiten ab. Der Durchschnittsmensch mag fähig sein, von der Einweihung zu profitieren, oder auch nicht; es hängt auch von seinen Fähigkeiten ab; aber jeder Einzelne sollte die Möglichkeit haben, die höchste Entwicklung zu erreichen, zu der er fähig ist. Ein gewisser Entwicklungsgrad muss erreicht werden, bevor die Einweihung möglich ist; ein Student tritt nicht in einen Studiengang ein, bevor er seinen Abschluss gemacht hat.

Es ist die Aufgabe der exoterischen Religion, dafür zu sorgen, dass jedes Mitglied der Rasse den normalen Standard der Evolution erreicht; sie muss die vielen verlorenen Schafe suchen und den Standard der unteren Schicht der Bevölkerung heben. Bevor ein Mensch nicht die Lektionen seines Glaubens gelernt hat, ist er nicht bereit für die Lektionen der Einweihung. Die Aufgabe der kleinen Mysterien besteht darin, die latenten Fähigkeiten jedes Einzelnen, der für die Lehre zugelassen wird, zu entfalten, damit er den höchsten Grad der Entwicklung erreicht, zu dem er fähig ist.

In den kleinen Mysterien werden die verborgenen Fähigkeiten des Menschen entfaltet; in den großen Mysterien aber werden die verborgenen Fähigkeiten der Natur entfaltet. Die kleinen Mysterien befassen sich mit der subjektiven Sphäre, die großen Mysterien mit der objektiven Sphäre, und das eine ist die unerlässliche Vorstufe zum anderen. Es ist für einen Menschen nicht möglich, die Elementarwesen der Natur zu beherrschen, wenn er nicht Herr über die elementaren Aspekte seiner eigenen Natur ist, denn die Kräfte im Inneren, wenn sie rebellisch sind, werden ihn an die Kräfte außerhalb verraten. Disziplin muss der Herrschaft vorausgehen.

Wir wirken auf das, was außen ist, durch den entsprechenden inneren Aspekt. Wenn die Natur nicht gereinigt ist, wird sie einen unkorrekten Kontakt herstellen, wenn sie das Unsichtbare berührt.

Die Prozesse des Okkultismus beruhen auf den Kräften des Willens und der Vorstellungskraft; beides blinde Kräfte. Solange sie nicht von einem Beweggrund kontrolliert und gelenkt werden, der eine Beziehung zum Universum als Ganzes hat, ist keine ultimative Synthese möglich. Die Persönlichkeit muss durch das Ideal, das sie anstrebt, universalisiert werden, damit sie als organisierter Teil des kosmischen Ganzen funktionieren kann.

Es ist dieser Drang zur Universalisierung, der der ultimative Hunger der Seele ist; das niedere Selbst sucht ihn zu erreichen, indem es alle Dinge in einer Begierde nach Besitz in sich hineinzieht; das höhere Selbst sucht ihn zu erreichen, indem es die Grenzen des Selbst transzendiert und eins mit dem Universum wird. Es gibt zwei zu erreichende Vereinigungen: das Selbst kann mit dem Universum durch universale Sympathie eins werden – dies ist das Ziel des Okkultisten; das Selbst kann auch mit dem Schöpfer des Universums durch absolute Hingabe eins werden – dies ist das Ziel des Mystikers.

Aber der Okkultist hat durch das Erreichen seines Ziels noch nicht die endgültige Integration erreicht; er ist noch nicht aus dem Bereich der manifestierten Phänomene in den kosmischen übergegangen; und der Mystiker, der seine transzendente Vereinigung erreicht hat, kann sie nicht halten, sondern muss wieder in das Universum der Phänomene zurückfallen.

Die endgültige Integration kann nur durch universale Sympathie und absolute Hingabe erreicht werden, die in der eigenen Natur vereint sind. In einem solchen Wesen werden alle Dinge durch diese universale Sympathie vereint, und ein solches Wesen ist dann seinerseits durch seine Hingabe mit dem Ganzen verbunden.

Dies ist das Endziel der Evolution für das manifestierte Universum als Ganzes; und wer den Weg der Einweihung geht, nimmt die Evolution nur vorweg. Es ist die Funktion der Mysterien, dem Eingeweihten zu helfen, den Bereich des Pfades zu beschreiten, der bereits erforscht wurde, aber darüber hinaus liegt ein Bereich, der keinem Bewusstsein bekannt ist, das sich in einer physischen Form befindet; diesen Bereich muss ein Mensch allein mit seinem Meister beschreiten; und darüber hinaus liegt ein Bereich, in dem ein Mensch allein mit seinem Gott ist.

Dies kann nicht in einer Inkarnation erreicht werden. Drei Inkarnationen absoluter Hingabe ohne Fehler mögen genügen; aber wer ist ohne Fehler, und wie weit müssen wir auf dem Pfad sein, bevor wir absolute Hingabe erreichen? Wir können nicht mit einem Fuß aus dem Weg der Evolution aussteigen und mit dem anderen in das kosmische Licht eintreten; es braucht viele Schritte, um den Pfad zu beschreiten, und einige gehen fehl und müssen wiederholt werden.

Die Schwierigkeiten werden hervorgehoben, weil viele sich leichtfertig auf dieses große und schreckliche Wagnis einlassen, aber die Früchte werden nicht heruntergespielt, denn sie übersteigen alles, was das Auge sehen oder das Herz träumen kann. Wir müssen auch nicht bis zum Ende der Reise warten, bevor wir anfangen zu ernten. Tag für Tag fiel das Manna während der ganzen Reise durch die Wüste, obwohl der Auszug aus Ägypten und die Durchquerung des Roten Meeres stattfinden mussten, bevor es erschien.

Auf der großen Reise der Seele ins gelobte Land, die der Weg der Einweihung ist, muss also die Sicherheit menschlicher Behausungen verlassen werden, und die Seele reist obdachlos und allein in die Wüste und kommt ans Rote Meer; hier kehren die Schwachen um und kehren in die Sklaverei zurück, um Ziegel ohne Stroh zu machen, für die sie keinen Lohn erhalten. Aber wenn man sich der höchsten Prüfung des Roten Meeres stellt, wenn die Wellen durch eine unsichtbare Kraft geteilt werden und der Reisende trockenen Fußes hindurchgeht, während sich zu beiden Seiten eine Wand aus Wasser erhebt, dann ist das die Prüfung des Glaubens, denn nach weltlichem Gesetz sollten diese Wasser fallen; es ist nur ein höheres Gesetz, das sie zurückhält.

Dann, wenn die Prüfung sicher bestanden ist, fließt, obwohl die Seele noch in der Wüste ist, Wasser aus dem Felsen und Manna fällt täglich, denn obwohl der Reisende noch in der Welt der Sinne ist, untersteht er einem höheren Gesetz.

Der Ursprung der Mysterien

Um die Bedeutung der Einweihung zu verstehen, ist es notwendig, einen Blick auf die Geschichte der Evolution der Menschheit zu werfen. Die okkulte Wissenschaft lehrt, dass vor der Menschheit, wie wir sie jetzt kennen, andere Spezies von Menschen existierten; diese verschiedenen Spezies nennt sie die Wurzelrassen und glaubt, dass die Wurzelrasse, die gegenwärtig den Globus beherrscht, die fünfte in dieser evolutionären Reihe[1] ist. Bei zwei vorangegangenen Rassen, der polaren Rasse und den Hyperboreern, hatte sich das Bewusstsein nicht individualisiert, sondern die Menschheit wurde von ihrer Gruppenseele geleitet, so wie die niederen Tierarten bis heute geleitet sind. Die esoterische Psychologie der Gruppenseele bietet ein weites Feld für Studien und ist zu verwickelt, um es auf diesen Seiten zu erklären; es muss genügen zu sagen, dass die Operationen einer

---

1) Die Theosophie Blavatskys formuliert eine synkretistische Schöpfungsmythologie, zu deren zentralen Elementen die Lehre der Wurzelrassen gehört. Grundsätzlich betrachtet sie die Menschheit neognostisch als eine Emanation der göttlichen Natur: Der göttliche Logos sei in die Materie gefallen und befinde sich seitdem auf dem Weg zurück zum Geist. Diese Entwicklung vollziehe sich in mehreren Stufen, die durch das Gesetz des Karma und einen Reinkarnationsmechanismus miteinander verbunden seien. Blavatsky ging davon aus, dass die Menschheit viel älter sei und vor allem anderen Leben auf der Erde entstanden sei. Die Entwicklung der Menschheit verlaufe zyklisch: Zunächst würden die Menschen in einem rein geistigen Zustand existieren, dann erfolge ein Abstieg, der sich immer mehr in der materiellen Welt manifestiere, bevor am Tiefpunkt ein Wiederaufstieg zur Vergeistigung beginne. Dieser Zyklus der Wurzelrassen ist eingebettet in andere Zyklen von immer größerem zeitlichem Umfang bis hin zu einem „Zeitalter des Brahma" von 311 Billionen Jahren, in dem das Universum sich voll entfalte. Ihm folge ein gleich großer Zeitraum, in dem es sich wieder zurückentwickle, bis der Vorgang von neuem beginne. Jede Wurzelrasse wird bei Blavatsky in sieben sogenannte Unterrassen und diese wiederum in sieben Zweig- oder Familienrassen unterteilt. (Anm. d. Übers.)

solchen Gruppenseele in der Intelligenz der Ameise und der Biene und den Wanderungen der Vögel zu erkennen sind. Viele rätselhafte Phänomene der tierischen Intelligenz werden durch die Hypothese einer Gruppenseele erklärt.

Mit dem Fortschreiten der menschlichen Evolution organisierte sich die der ganzen Spezies gemeinsame mentale Substanz in komplexe Einheiten und inkarnierte in vielen separaten Vehikeln oder Körpern, die früher den zusammengesetzten Körper der Gruppe bildeten.

Diese organisierten Komplexe, die sich um die ursprünglichen Kerne oder göttlichen Funken entwickelten, verteilten sich in der amorphen Masse der Gruppenseele, wurden schließlich zu individualisierten Wesenheiten und entwickelten sich zur menschlichen Form.

Nachdem die Evolution ein gewisses Niveau erreicht hatte, erlangten diese individualisierten Wesenheiten einen Grad an Unabhängigkeit, der es der Gruppenseele schwer machte, sie zu kontrollieren; und der Logos rief diejenigen seiner Kinder zu Hilfe, die den Zyklus ihres Wachstums in einer früheren Evolution abgeschlossen und das kosmische Erwachsenenalter erreicht hatten. (Denn es darf nicht vergessen werden, dass eine Evolution für den solaren Logos das ist, was eine Inkarnation für einen Menschen ist; und dass jede Evolution nur ein Tag im großen zyklischen Leben Brahmas ist).

Diese großen Wesen beeinflussten die Vorläufer der Menschheit, indem sie ihrem Verstand Bilder präsentierten, und zwar durch einen Prozess, den wir telepathische Suggestion nennen könnten. Die Bilder, die notwendig sind, um Empfindungen in mentale Abläufe zu übersetzen, wurden also sozusagen fertig geliefert, und der Menschheit blieb die langwierige und mühsame Notwendigkeit erspart, diese Bilder aus den gesammelten Erfahrungen entwickeln.

Im ersten kosmischen Tag musste die damalige Menschheit natürlich diesen Prozess durchlaufen; aber nachfolgende Evolutionen waren in der Lage, die zuvor durchlaufenen Stadien mithilfe der Älteren Brüder schnell zu rekapitulieren; erst nachdem der Höchststand des vorhergehenden kosmischen Tages erreicht wurde, muss die Evolution aus dem Rohmaterial der Erfahrung erfolgen.

Durch die Erfahrungen, für die das Bewusstsein nun empfänglich war, baute der konkrete oder objektive Verstand der Menschheit auf den inspirierenden Inhalten auf, die durch die Bemühungen der Älteren Brüder und die Einflüsse des Seelenkollektivs in das Unterbewusstsein injiziert worden waren.

Und schließlich war der Punkt erreicht, an dem das konkrete Bewusstsein das inspirierende Unterbewusstsein überholte, so wie letzteres den Einfluss der Gruppenseele überholt hatte; die direkte Linie der Kontrolle vom Logos über die Überseele zum Individuum ging damit verloren.

Es wurde daher notwendig, das Bewusstsein mit dem Unterbewusstsein zu verbinden, damit die kosmische Kontrolle wiederhergestellt werden konnte, und dies war die Funktion der kosmischen Initiatoren oder Manus.

Diese großen Wesen, die von allen Herren der Evolution am nächsten mit der Menschheit verwandt sind, haben ihre Entwicklung an dem kosmischen Tag erreicht, der unserem unmittelbar vorausging, und sie erschienen in der Mitte des Zeitalters von Atlantis auf der Erde.

Dies sind die Hohepriester nach der Ordnung des Melchisedek, die weder Vater noch Mutter haben und ihre physischen Fahrzeuge ohne menschliche Hilfe bauten. Es war ihre Aufgabe, mit dem konkreten Verstand der Menschheit zu kommunizieren und eine Verbindung von assoziierten Ideen herzustellen, die vom Bewusstsein zum Unterbewusstsein ging, wodurch der Mensch in die Lage versetzt wurde, die subtileren Schwingungen aufzunehmen, welche die Stimme der höheren Sphären sind.

Um dies zu tun, mussten sie dem konkreten Bewusstsein in konkreter Form erscheinen; daher mussten sie mit unendlicher Schwierigkeit ein Vehikel bauen, das das konkrete Bewusstsein erkennen konnte.

Diese anthropoiden Formen waren für die hoch entwickelten Kräfte, die sie zu tragen hatten so ungeeignet, dass sie nur mit größter Mühe und für kurze Zeit gehalten werden konnten.

Daher die Berichte über das plötzliche Erscheinen und Verschwinden der Götter, die Teil aller primitiven Traditionen sind. Denn diese großen Wesen waren die eigentlichen Götter der Mythologien und Fabeln, die göttlichen Begründer der Kultur der Rassen, auf die alle primitiven Traditionen zurückblicken.

(Sie sind jedoch nicht zu verwechseln mit den Personifikationen der Naturkräfte späterer Zeiten; das sind die Götter der Kulturen oder göttlichen Vorfahren).

Diese großen Wesenheiten sammelten Scharen von Schülern um sich, die aus den Vielversprechendsten der Rasse, zu der sie kamen, ausgewählt wurden, und halfen, deren Fähigkeiten zu entwickeln, bis diese in der Lage waren, jene subtilen Schwingungsarten bewusst wahrzunehmen, die sie bis dahin nur intuitiv wahrnehmen konnten, und so die primitive Art der mentalen Abläufe auf einem höheren Level der Spirale wiederzuerlangen.

Nachdem dies einmal vollbracht war, konnten sich die Manus auf jene Ebenen zurückziehen, auf denen sie mit größerer Leichtigkeit und Freiheit wirken konnten, indem sie ihre Schüler dazu aufriefen, sich "auf die Ebenen zu erheben" und sie dort unterrichteten; sie überließen es dann diesen Schülern, andere so auszubilden, wie sie selbst ausgebildet worden waren, und so wurden die okkulte Schulen durch die nachfolgenden Generationen gebildet.

So wurde der große Sonnenkult von Atlantis gegründet und seine Schule der Einweihung mit Wissen ausgestattet.

Die Manus konnten ihren Schülern von der Entstehung der Sphären erzählen, weil sie selbst dabei gewesen waren, als die Sphären entstanden sind; sie konnten sie über die Phasen informieren, die die Evolution durchlaufen hatte, weil sie entweder Augenzeugen waren, die sich selbst in bestimmten Phasen entwickelt hatten, oder die eingeweihten Schüler derer waren, die das getan hatten.

So bewahren die okkulten Schulen die Traditionen der Geschichte der kosmischen Evolution.

Die drei großen Traditionen

Leser esoterischer Literatur werden wissen, dass es viele verschiedene Schulen des Okkultismus gibt, und sie werden feststellen, dass die Lehren und die Symbolik, die in allen verwendet werden, grundsätzlich gleich sind; so sehr, dass durch eine bloße Übersetzung der Terminologie der Eingeweihte einer Schule in die Lage versetzt wird, die Schriften einer anderen zu verstehen.

Dennoch sind diese Schulen nicht identisch, denn obwohl die Form aufgrund ihres gemeinsamen Ursprungs die Gleiche ist, ist die Kraft, die sie beseelt, aufgrund der Umstände ihrer Gründung völlig unterschiedlich.

Es sei daran erinnert, dass unter den vielen seismischen Katastrophen, die das antike Atlantis erschütterten, drei von größerem Ausmaß waren als die anderen und diese wurden als die drei großen Kataklysmen bezeichnet. Vor jeder dieser Katastrophen kam es zu einer Auswanderung derjenigen, die über eine ausreichende Entwicklung verfügten, um die Katastrophe vorhersehen zu können. Diese nahmen Kopien der heiligen Bücher mit und unter ihnen befanden sich auch einige mit entsprechendem Einweihungsgrad, um eine Loge zu gründen.

Diese Eingeweihten bekamen ihre Autorität für die Gründung des neuen Zentrums von dem damaligen Manu.

Nun stehen die Manus, wie alles andere, unter dem Einfluss der kosmischen Phasen, und da der Logos unseres Systems eine dreifaltige Entität ist, deren drei Phasen Weisheit, Macht und Liebe sind, durchlaufen die logoischen Phasen einen Dreierzyklus, d. h., obwohl alle drei Aspekte immer vorhanden sind, überwiegt zu einer Zeit der eine und zu einer anderen Zeit der andere, genauso wie ein Dreieck, das sich um seinen Mittelpunkt dreht, dem Blick des Beobachters erst einen Winkel und dann einen anderen präsentiert, während es immer noch dreieckig bleibt. Diese Abfolge kann in der Geschichte beobachtet werden, wenn ein ausreichend langer Zeitraum untersucht wird.

Es wird sich zeigen, dass es eine Phase in der menschlichen Kultur gibt, in der Macht aufgebaut wird, die dann von einer weiteren Phase abgelöst wird, in der Weisheit angesammelt wird, und die in der letzten Phase gipfelt, in der brüderliche Liebe ein Goldenes Zeitalter einleitet.

Deshalb war die Kraft, die die Manus von Atlantis an ihre Schüler weitergaben, durch den logoischen Aspekt gefärbt, der zur Zeit ihres Wirkens vorherrschte. Die von einem Manu übertragene Kraft wird als sein „Strahl" bezeichnet. Die Manus befähigen den Menschen nicht nur, sein Bewusstsein auf die subtileren Ebenen zu heben, sondern sie bringen ihre Schüler auch in Kontakt mit einer großen kosmischen Kraft, die direkt vom Logos ausgeht, und es ist diese Kraft, mit der die Kandidaten durch das Ritual ihrer Einweihung in Kontakt gebracht werden.

Man wird also sehen, dass, obwohl die Theorie, die einem Eingeweihten der verschiedenen okkulten Schulen gelehrt wird, grundsätzlich dieselbe ist, der *modus operandi* der Praxis sich stark unterscheidet, je nach der besonderen Natur des Strahls, der das liefert, was man metaphorisch als die treibende Kraft des Ordens bezeichnen kann.

Der große Sonnentempel, in dem sich alle Strahlen trafen, existiert nicht mehr, da er in den Fluten des Atlantiks versunken ist, aber seine Lehre wird immer noch von den drei großen okkulten Traditionen bewahrt, die die Nachkommen der drei groß-en Auswanderungen sind.

Der Aspekt der ersten Auswanderung, die unter der Leitung eines Manu entstand, der unter dem Aspekt der Macht des logoischen Zyklus arbeitet, war die Macht. Diese Auswanderung, die sich entsprechend der damaligen Anordnung der Landmassen des Globus nach Osten bewegte und jedes Jahr anhielt, um Weizen zu säen und zu ernten, und dort, wo sie dies tat, provisorische Altäre errichtete, bewegte sich über den Norden Europas und Asiens, wobei sie eine megalithische Spur hinterließ, bis ihre Reise durch das, was wir heute das gelbe Meer nennen, blockiert wurde.

Sie breitete sich dann südwärts entlang der Küsten Asiens aus, bis sie schließlich mit den Überresten der lemurischen Kultur im Pazifik in Berührung kam, von denen sie einige der Elemente übernahmen, die sie heute zu einer gefährlichen und verdorbenen Strömung machen. Obwohl es in einer Abhandlung dieser Art nicht zulässig ist, auf Fragen einzugehen, die praktischen Okkultismus beinhalten, kann derjenige, der die Natur der „Sünde der Gemütlosen“[1] kennt, vielleicht seine Schlussfolgerungen ziehen.

Diese Überlieferung der ersten Auswanderung ist die Grundlage aller primitiven Kulte des Ju-juismus, des Fanteeismus und der primitiven Magie; ihre Einweihung ist eine Einweihung in die zweite Ebene und ermöglicht ihren Kandidaten nur Zugang zum unteren Astralbereich.

Und da dies die Welt ist, von der aus die physische Welt gesteuert wird, wird man verstehen, dass die Kräfte dieser Ebene für jede magische Handlung, die die Manipulation der ätherischen Kräfte der dichten Materie beinhaltet, absolut notwendig sind, dass aber der Okkultist, der die Prozeduren dieser Ebe-

1) H. P. Blavatsky: “Die Geheimlehre” Band II Strophe IX. (Anm. d. Über.)

ne erprobt, auch die Einweihungen der höheren Ebenen erlangen muss, die sie ihrerseits kontrollieren.

Andernfalls wird er dazu neigen, sich in dieser Ebene zu verlieren, und da die Einweihung der zweiten Ebene eine sehr primitive Art von Kraft einsetzt, die nur einen erhebenden Einfluss auf eine Art von Intelligenz haben kann, die so niedrig ist, dass sie auf der gegenwärtigen Stufe der Evolution untermenschlich ist, ist es für einen zivilisierten Menschen ein Rückschritt, sich unter die Kontrolle dieser Kräfte zu stellen.

Auf dieser Ebene muss der Mensch als Herr fungieren; er kann, wenn er sich selbst gerecht werden will, den Wesenheiten, denen er dort begegnet, nicht auf Augenhöhe begegnen.

Die Phänomene, die die Magie dieser Ebene charakterisieren, sind diejenigen, die wir durch Experimente mit Séancen kennen, und angesichts der vorangegangenen Worte kann der Leser leicht sehen, worin die Gefahr dieser Forschungen in den Händen von Unwissenden und Unerfahrenen liegt.

Die zweite große Emigration bewegte sich aufgrund des vordringenden Polareises weiter in südlichere Breitengrade und setzte, nachdem sie Mitteleuropa durchquert hatte, ihre Bewegung nach Osten fort, bis ihr Weg durch die Hochebenen Asiens mit ihrem ewigen Schnee versperrt wurde.

Hier wurden jene Tempel errichtet, die das Himalaja-Zentrum bildeten; und von hier aus verbreitete sich die Kultur in die flussabwärts gelegenen Täler, indem sie den Wasserwegen folgte, wie es damals üblich war; sodass all jene Teile der Welt, deren Flüsse in den Hochebenen Zentralasiens entspringen, ebenfalls auf das Himalaja-Zentrum blicken, und von ihm die Inspiration erhalten, die ihre verschiedenen Religionen prägt.

Von dieser Auswanderung leiten sich die Weisheitsreligionen des Ostens ab, und obwohl einige der Sekten durch die

Einflüsse der Kultur der ersten Auswanderung verfälscht sind, über die sich dann die zweite Strömung ergoss (so wie die erste durch die lemurische Tradition verfälscht war), so hat sich doch zum größten Teil ein bemerkenswerter Grad an Reinheit in den inneren Orden erhalten, und einige der tiefsten Kenntnisse der Welt werden in ihren Bergfestungen bewahrt.

Die dritte große Auswanderung verließ den Kontinent, der dem Untergang geweiht war, unmittelbar, bevor der letzte Kataklysmus ihn für immer in den Fluten versenkte. Sie bewegte sich ostwärts in einer noch südlicheren Richtung als ihre beiden Vorgänger, durchquerte Nordafrika und setzte ihre Reise fort, bis „das Rote Meer und die Wildnis" ihren Weg versperrten und sie sich auf dem einzigen fruchtbaren Land dieser unfruchtbaren Region niederließ, dem Tal und dem Delta des Nils, und die Kultur begründete, die uns als ägyptisch bekannt ist. Wer die ägyptische Zivilisation mit derjenigen Mittelamerikas vergleicht, die der Überlieferung nach ein Ausläufer von Atlantis gewesen sein soll, kann nicht umhin, von der Ähnlichkeit der beiden beeindruckt zu sein, sei es in den Konzepten ihrer Religion oder ihrer Architektur.

Die Schifffahrt entwickelte sich früh im Binnenmeer, und dorthin, wohin die Galeeren im Handel fuhren, breitete sich auch die ägyptische Philosophie aus, sodass sich die dritte Auswanderungstradition über das ganze Mittelmeer und den Nahen Osten verteilte. Sowohl die Tyrrhener als auch die Griechen gaben zu, dass die Adepten ihrer Mysterien in den ägyptischen Tempeln ausgebildet wurden; von den Tyrrhenern wissen wir, dass die hebräische Tradition eine Erneuerung erlebte, und aus den griechischen Mysterien erwuchs jene Gnosis, die die spirituellen Konzepte des Christentums in die Sprache des Intellekts übersetzte; und aus der Gnosis, die von der christlichen Kirche zermalmt wurde, nachdem die Macht in die Hände derer übergegangen war, die nichts als die äußere Form der Wahrheit kannten, entstand jene lange Reihe von intellektuellen Mystikern, die das Feuer in Europa am Brennen hielten und die von späteren Generationen Alchemisten genannt wurden.

Da die Entwicklung der Kommunikation dazu führte, dass sich die Kulturen ausbreiteten und sich gegenseitig beeinflussten, war es natürlich, dass die Abgrenzungslinien zwischen einer Tradition und einer anderen in späteren Tagen nicht mehr so starr waren wie in den früheren; und die Schüler der zweiten und dritten Tradition trafen sich und beeinflussten sich gegenseitig entlang der Handelsrouten des Nahen Ostens; aber obwohl die Lehren unter dem Einfluss charakteristischer Rassenkulturen vielleicht modifiziert wurden, sind die Kräfte, die bei den Einweihungen eingesetzt werden, trotzdem verschieden. Auch die Disziplinen oder Methoden der Ausbildung sind radikal unterschiedlich. Diejenigen, die dem Strahl der Macht angehören, arbeiten von unten nach oben, und indem sie auf Objekte der Ebene der Manifestation einwirken, versuchen sie, deren subtile Aspekte zu beeinflussen.

Es ist charakteristisch für die Methoden dieses Strahls, dass sie einen materiellen Ausgangspunkt haben müssen, eine magische Substanz, die ihr *point d'appui* ist; und ein großer Teil ihrer Weisheit besteht in der Kenntnis jener natürlichen Objekte, die in enger Verbindung mit der unsichtbaren Welt stehen und dadurch einen leichten Zugang zu ihr ermöglichen; wir finden bei Medizinmännern dieser Kulte Sammlungen von kuriosen Trophäen, von denen jede mit übernatürlichen Werten versehen ist.

Ob ihr Wert von ihren tatsächlichen Eigenschaften oder vom Glauben ihres Besitzers abhängt, ist ein Punkt, der in jedem einzelnen Fall geprüft werden muss, denn es gibt zu viele Beweise für die Existenz solcher Eigenschaften, als dass alle Behauptungen als Täuschung abgetan werden könnten, und es ist ein unbesonnener Mensch, der eine Meinung über eine Sache abgibt, die er nicht untersucht hat.

In dieser Tradition finden wir also viel Wissen über physikalische Magie und über jene Drogen, die Bewusstseinszustände beeinflussen, indem sie auf das Nervensystem und die endokrinen Drüsen wirken, und gleichzeitig einen völligen Mangel an jeglichem rationalen Verständnis der verwendeten Methoden.

Das Wissen der ersten Tradition, wenn es nicht von den weiter entwickelten Traditionen beeinflusst wurde, ist eine Sache der einfachen Faustregeln und wurde oft durch reinen Aberglauben verfälscht, der der wahren okkulten Wissenschaft ebenso fremd ist wie der Naturwissenschaft.

Die Methoden der zweiten Tradition zeichnen sich durch die außerordentliche Bedeutung aus, die dem Erwerb von Wissen beigemessen wird, und durch die bemerkenswerten Systeme der Geisteskultur aus, durch die das Bewusstsein des Eingeweihten erweitert wird; gleichzeitig waren den Lehrern dieser Schule jedoch die Methoden der ersten Tradition nicht unbekannt, aufgrund der Tatsache, dass sie aus derselben atlantischen Schule des Okkultismus hervorgegangen sind, wenn auch in einer späteren Periode ihrer Geschichte, und sie waren im Besitz der niedrigeren wie auch der höheren Grade, die die Evolution hinzugefügt hatte; sie besaßen alles, was die Eingeweihten der ersten Auswanderung besaßen und zusätzlich die Errungenschaften späterer Generationen, und die ursprünglichen Methoden, die grundlegend in Ordnung waren, wurden auf den Ebenen, zu denen sie gehören, nie ersetzt.

Jede Tradition besitzt in der Tat all das, was ihre Vorgängerin besaß, zusätzlich zu dem, was sie charakterisiert.

Die westliche esoterische Tradition hatte ihren Ursprung in der dritten und letzten Auswanderung aus Atlantis, die unmittelbar vor der letzten Katastrophe stattfand, die den verlorenen Kontinent mitsamt seiner Weisheit und Zivilisation im Meer versenkte. Die Priester, die die Auswanderung begleiteten, trugen die heiligen Bücher und Symbole mit sich, damit sie im Land der Finsternis, zu dem sie sich auf den Weg machten, einen Sonnentempel gründen konnten.

Für die Gründung dieses Tempels erhielten sie den Auftrag vom damaligen Manu, und da dieser Kontakt stattfand, als der Aspekt der Liebe des Logos vorherrschte, beruhte er folglich auf dem Strahl der Liebe und Hingabe; so wie die erste Auswanderung, die sich unter dem Aspekt der Macht des Logos ereignete, als Ideal die Ausübung von Macht hatte, welche vollkommen den kosmischen Gesetzen unterstand; und die zweite Emigration, die sich unter dem Aspekt der Weisheit des Logos ereignete, hatte die vervollkommnete Weisheit als Ideal; so hatte die dritte und letzte Emigration, die sich unter dem Aspekt der Liebe des Logos ereignete, Brüderlichkeit und Mitgefühl als Ideale und Sozialisierung als Aufgabe.

Die Priester der dritten Auswanderung, die in derselben Tradition ausgebildet wurden, wie die Priester der ersten und zweiten Auswanderung, besaßen die geheime Weisheit dieser beiden Traditionen zusätzlich zu derjenigen, die sich in späteren Zeitaltern entwickelt hatte; und diese Phasen musste die neue Mysterienschule beim Aufbau ihres Systems durchlaufen, wie man in der Geschichte der Mysterien deutlich erkennen kann; aber nachdem sie diese rekapituliert und ein kulturelles Niveau erreicht hatte, das dem der ursprünglichen Zivilisation gleichwertig war, wurde die letzte und charakteristische Phase durch das Werk des Meisters Jesus eingeleitet. Die westliche Tradition hat daher drei Aspekte: den Aspekt der Natur, der den astralen Einweihungen entspricht und dessen Meister auf der niederen Astralebene durch die linke Säule des Tempels und auf der höheren

Astralebene durch Orpheus, den sanften Sänger, repräsentiert wird; den Aspekt der Weisheit, der den Einweihungen des Verstandes entspricht und dessen Meister auf der niederen Mentalebene Hermes und auf der höheren Mentalebene Euklid ist; und den hingebungsvollen und spirituellen Aspekt, dessen Meister der Meister Jesus von Nazareth ist. Diese drei großen Aspekte bilden die vollständige westliche Tradition, und jeder ist ohne die beiden anderen unvollständig.

Wenn der Strahl der Naturverehrung nicht durch den Strahl der intellektuellen Entwicklung und der hermetischen Schulung ergänzt wird, werden im Unterbewusstsein des Aspiranten niedere menschliche Aspekte vorherrschen. Und wenn der intellektuelle Strahl nicht durch die Spiritualität des Strahls der Hingabe erleuchtet wird, verursacht er Herzenskälte und Engstirnigkeit. Während der Strahl der Natur die Mysterien mit der Freude und Schönheit seinen ursprünglichen Kontakten zur Natur versüßt und belebt.

Alle Strahlen vereinigen sich in der Sonne; und deshalb laufen ihre Wege zusammen, und nachdem eine bestimmte Stufe erreicht ist, verschmelzen sie, sodass ein Eingeweihter der höheren Grade irgendeiner Mysterienschule mit den Eingeweihten jeder anderen Schule auf gleicher Stufe steht; aber in den niedrigeren Graden und besonders in ihren Methoden der Arbeit auf der astralen und physischen Ebene weichen die Schulen weit voneinander ab, wie die Unterschiede in ihren Anrufungen bezeugen. Was die Devas des Ostens anruft, beschwört nicht unbedingt die engelhaften Heerscharen des Westens, und auch Exorzismen, die in Indien Dämonen vertreiben, dienen in europäischen Ländern nicht als Schutz, wie viele westliche Jünger zu ihrem Nachteil erfahren konnten. Die eigentlichen Mantras, Zaubersprüche und Machtworte werden nach unterschiedlichen Prinzipien zusammengestellt.

Um eine Metapher aus der Musik zu entlehnen, können wir sagen, dass die Strahlen in verschiedenen Tonarten gespielt werden, und wenn eine Transposition durchgeführt werden soll, muss sie von einem erfahrenen Meister durchgeführt werden, der die Korrespondenzen versteht, denn sonst können schreckliche Effekte entstehen, wenn ein Kreuz als B gespielt wird. Jeder Student der vergleichenden Religionswissenschaft weiß, dass, obwohl die großen Gottheiten in den verschiedenen Mythologien identifiziert werden können und analoge Symbole in allen religiösen Systemen auftauchen, Namen und Symbole verändert werden müssen, wenn sie von einem Land in ein anderes übertragen werden sollen. Viele Studenten ignorieren die Unterschiede und konzentrieren sich auf die Ähnlichkeit, weil sie glauben, dass die Veränderungen auf lokale Besonderheiten der Aussprache zurückzuführen und daher oberflächlich sind und dass sie es, nachdem sie die verschiedenen Sonnengötter auf der ganzen Welt identifiziert haben, mit ein und derselben Potenz zu tun haben.

Es ist natürlich richtig, dass die gleiche Kraft hinter allen von ihnen steht, aber man könnte genauso gut versuchen, wahllos ein Telefon, einen Dynamo und einen elektrischen Kauter zu verwenden, weil hinter allen die gleiche Kraft steckt.

Die korrekte Aussprache und Orthografie der Wörter der Macht ist bei allen okkulten Handlungen äußerst wichtig, und sie werden nicht ohne Grund ausgetauscht, und nur nach bestimmten Gesetzen.

Die Änderung der heiligen Namen von Land zu Land dient dazu, die Kräfte an die Gegebenheiten anzupassen, und daran sollte nicht leichtfertig manipuliert werden.

Okkultismus auf der Ebenen der Formen bezieht sich immer auf Rasse und Ort, weil er an seine Umgebung angepasst werden muss; und obwohl auf den höheren Ebenen eine Formel für alle gilt und mystische Erfahrungen der gleichen Art alle höheren Grade kennzeichnen, sodass sich Adepten auf Augenhöhe begegnen können, sind die Systeme, die bei der Ausbildung von Aspiranten eingesetzt werden, völlig unterschiedlich und sollten niemals verwechselt werden.

Meditation und Askese werden den östlichen Chela zu den Füßen seines Meisters bringen, aber der westliche Schüler, der unter den viel dichteren materiellen Bedingungen dieser Zivilisation arbeitet, muss Rituale anwenden, um Ergebnisse zu erhalten – Rituale, die nur sehr wenige östliche Körper ertragen könnten. Die meditativen Methoden des Ostens werden im Westen keine Ergebnisse erzielen, wenn die Vitalität nicht gesenkt wird, und es ist eine sehr riskante Sache, zu versuchen, hohe Potenzen mit einer gesenkten Vitalität zu handhaben; auch wird es dem Aspiranten in der Hektik und dem Treiben unserer Zivilisation nicht gut gehen.

Methoden, die für eine Art zu leben, ein Regime und bestimmte ätherische Bedingungen ausgearbeitet wurden, sind für eine andere und völlig verschiedene Art nicht geeignet, und die mangelnde Eignung zeigt sich in der nervlichen Belastung des Schülers. Wenn man den Yogi-Methoden folgen will, muss man ein Yogi-Leben führen; wenn man das nicht tut, wird man zusammenbrechen.

Die östlichen Kräfte benötigen sehr gereinigte und verfeinerte Vehikel für ihren Betrieb, und deshalb müssen die primitiven Aspekte der Natur ausgemerzt werden. Die westlichen Kräfte sind viel stärker und drastischer in ihrer Wirkung, weil sie sich der primitiven Aspekte bemächtigen und sie für ihre eigenen Zwecke nutzen, indem sie das unedle Metall zu Gold sublimieren und nicht das Gold aus dem Äther holen.

Man kann lernen, drahtlose Signale über eine normale Reichweite hinaus zu empfangen, indem man entweder die Leistung des sendenden Geräts oder die Empfindlichkeit des empfangenden Geräts erhöht. Die westliche Methode verwendet das erste, die östliche das zweite System. Wenn der Lehrer die Methoden des Ostens anwenden will, muss er seine Schüler dazu bringen, die Bedingungen des Ostens zu erfüllen, und für die höheren Grade müssen sie in den Osten gehen.

Die westlichen Methoden basieren auf den westlichen Symbolismen und Mächte; ihre Wurzeln liegen tief im spirituellen Leben einer Rasse. Ihre Einflüsse haben ihre Zivilisation geprägt, und deshalb neigen sie nicht dazu, ihre Eingeweihten zu Fremden in ihrem eigenen Land zu machen und sie für die Bedingungen des europäischen Lebens untauglich zu machen; vielmehr bilden sie ihre Aspiranten dazu aus, mit Kräften der entsprechenden Rasse zusammenzuarbeiten, sie zu benutzen und von ihnen benutzt zu werden.

Das Wissen um die alte Weisheit des Ostens ist durch die theosophische Gesellschaft popularisiert worden, aber wir sollten nicht vergessen, dass es unsere eigene einheimische Esoterik gibt, die im Überbewusstsein der Rasse verborgen ist, und dass wir unsere heiligen Stätten direkt vor unseren Türen haben, die seit undenklichen Zeiten für Einweihungen genutzt wurden, die gleichermaßen für die Naturkontakte der Kelten, die Arbeit der Hermetiker und die mystischen Erfahrungen der Kirche des Heiligen Grals wirksam sind.

Die Pfade der westlichen Tradition

Die westliche Tradition hat mehrere verschiedene Aspekte, die im Grunde genommen Schulen innerhalb der Tradition sind, und sie werden allgemein als „Strahlen“ bezeichnet. Diese Strahlen werden im Allgemeinen nach den Farben des Spektrums benannt, mit denen sie gleichgesetzt werden. Es gibt Meinungsverschiedenheiten über die Farbbezeichnungen, die den Strahlen zugeordnet werden; das populäre System, den ersten Strahl der ersten Ebene zuzuordnen und so weiter, ist rein willkürlich und exoterisch, denn die Ebenen haben sich nicht in einem einzigen Strahlenzyklus entwickelt, da verschiedene Perioden von Pralaya[1] an verschiedenen Punkten dazwischen lagen.

Die wahre esoterische Farbbezeichnung unterscheidet sich hiervon in mehrfacher Hinsicht. Daher wurde eine Terminologie verwendet, die die Strahlen nach der Schule benennt, die ihre höchste Entwicklung hervorgebracht hat, und sie mit den Ebenen und den Bewusstseinszuständen in Beziehung setzt. Dies ist ein System, das von den Lesern leicht verstanden wird, unabhängig von der Terminologie, an die sie gewöhnt sind, und das die Verwirrung des Verstandes verhindert, die entsteht, wenn die Begriffe, an die man gewöhnt ist, eine ungewohnte Bedeutung bekommen.

Das Thema der Strahlen ist sehr technisch und kompliziert, und obwohl es für den praktischen Okkultismus von großer Be-

1) Pralaya: Eine Periode der Verfinsterung oder Ruhe, die planetarisch, kosmisch oder universell sein kann. Das Gegenteil eines Manvantara, die Auflösung der Welten, die am Ende eines jeden Äons oder Kalpa stattfindet. (Anm. d, Über.)

deutung ist, ist es nicht möglich, auf diesen Seiten im Detail darauf einzugehen, denn es verlangt ein Buch für sich. Es muss genügen zu sagen, dass die Strahlen ihren Ursprung in den periodischen Emanationen der vitalen Impulse des Logos hatten. Wir können uns diese Emanationen als Schneiden oder Öffnen von Kanälen in den inneren Ebenen vorstellen, sodass die Kraft des Logos weiter durch sie fließen konnte, nachdem sich der ursprüngliche Schub erschöpft hatte.

Diese Ausströmungen bauen die aufeinanderfolgenden Manifestationsebenen auf und lagern sie sozusagen ab, wie die Flut den Schlamm. Jede dieser Emanationen muss ihren Eingang in die Ebene der Materie durch das Bewusstsein eines inkarnierten Wesens finden, und die großen Wesen, die in früheren Evolutionen Vollkommenheit erreicht haben, traten der Reihe nach vor, um diese Aufgabe zu übernehmen.

Nachdem sie es vollendet haben und die Flut nachlässt und ihren Schlamm abgelagert hat, ziehen sie sich in die inneren Ebenen zurück und setzen dort ihre Arbeit fort, um diese besondere Manifestation des logoischen Lebens zu fokussieren und ihr Form und Ausdruck zu verleihen.

Sie sind deshalb als die Herren der Strahlen oder planetarische Logos[1] bekannt.

Die Ebenen des menschlichen Bewusstseins entsprechen den Ebenen, die von den Strahlen festgelegt wurden, und es sind

---

1) Griechischer Begriff, dessen wörtliche Bedeutung "Wort, Sprache, Vernunft" ist. Für die Griechen war der bestimmende Grund die Welt und das Gesetz, in dem sie ausgedrückt werden. Platon gab dem Logos drei Bedeutungen: (1) Manifestation des Denkens durch die artikulierten Klänge einer Sprache; (2) Bilanzierung einer Sache durch Aufzählung ihrer Elemente; (3) die Angabe des Unterschieds oder das Unterscheidungszeichen, das eine Sache kennzeichnet. Der Logos ist sozusagen die erste Figur, die zu Beginn der Schöpfung erscheint. Aber sein Aussehen ist nicht augenblicklich und endgültig, sondern progressiv und dynamisch. Der erste Logos ist der Punkt in der Mitte

die Kräfte eines Strahls, durch ein Ritual zu einem kleinen Strom rekonzentriert, die verwendet werden, um die entsprechende Bewusstseinsebene zu aktivieren.

Jede Seele besitzt alle sieben Aspekte, aber in einer bestimmten Inkarnation können einige von ihnen latent sein. Es gibt sehr selten eine gleichmäßige, umfassende Entwicklung. Eine dieser Ebenen wird im Fokus des Bewusstseins sein und die anderen Aspekte werden untergeordnet sein und sie unterstützen. Zum Beispiel kann eine Person über ihre Emotionen funktionieren und ihr Urteil wird von ihren Gefühlen beeinflusst werden.

Eine andere mag auf den Verstand konzentriert sein, und wie in der alten Redewendung wird der Kopf das Herz beherrschen. Wenn diese Leute die Einweihung erreichen wollen, ist es die schwierige Aufgabe des Einweihenden, zu versuchen, sie zu überzeugen, die komplementären Aspekte zu entwickeln und so ein Gleichgewicht herzustellen.

Es ist vergleichsweise einfach, eine natürliche Veranlagung eines Menschen zu fördern.

Die Schwierigkeit besteht darin, eine entsprechende Stärkung seiner Schwachstellen herbeizuführen, die das Gleichgewicht herstellen kann.

Der Mensch, der auf seinen Verstand konzentriert ist, muss lernen, sein Herz zu benutzen, und der Mensch, der auf sein Herz konzentriert ist, muss lernen, seinen Kopf zu benutzen. Keines von beiden ist allein ausreichend. Die Schüler neigen daher dazu, sich entsprechend ihrer Anlage in Gruppen aufzuteilen, und die

---

des Kreises; Es ist kein physikalischer Punkt, sondern der berühmte mathematische Punkt, dimensionslos. Es repräsentiert die kosmische Vorstellung, die erste Ursache, die sich direkt aus der Ursache ohne Ursache ergibt. Es manifestiert sich nicht, aber es enthält die "Ideen" von allem, was sich manifestieren wird. Es wird auch Atman, Brahman, Pradhana genannt, aber diese Begriffe sind nicht genau synonym, obwohl sie in mancher Hinsicht identisch sind. (Anm. d. Übers.)

verschiedenen Typen müssen in der Einweihungsschule unterschiedlich behandelt werden.

Die kleinen Mysterien zielen darauf ab, eine allseitige Vorbildung zu geben, zuerst in der Reinigung und Disziplin des Charakters, und dann in der Entwicklung der intellektuellen Kräfte, besonders der Konzentration. Alle Kandidaten müssen diese Ausbildung durchlaufen, und viele Misserfolge kommen von einer zu frühen Spezialisierung. Erst nachdem sie die drei Grade, in denen das Bewusstsein geschult wird, durchlaufen haben, kann das Gelübde abgelegt und akzeptiert werden, um zu den großen Mysterien überzugehen.

Hier werden sie nach ihren Strahlen aufgeteilt und arbeiten zuerst an einem und dann an einem anderen, bis sie die Kräfte der Ebenen erworben haben, denen die Strahlen entsprechen. Jeder Strahl beeinflusst einen anderen Aspekt des Bewusstseins, und wenn der Schüler sie alle durchlaufen hat, wird seine Natur in all ihren Aspekten entwickelt, gereinigt und harmonisiert sein; dann wählt er entsprechend seinem Temperament den Strahl, auf den er sich spezialisieren will, und beginnt mit der Arbeit an diesem Strahl; aber es ist wichtig, dass er Erfahrungen mit allen Strahlen gemacht hat, bevor er das tut, sonst wird er wie ein Komponist, der versucht, ein Stück zu komponieren und die Technik des Holzblasinstrumentes nicht versteht; er kann nicht für ein Instrument komponieren, wenn er dessen Technik nicht versteht.

So ist es auch mit dem Eingeweihten: Selbst wenn seine gewählte Ebene die höhere spirituelle Ebene ist, wird er Kenntnisse der niederen astralen benötigen; und wenn seine gewählte Ebene die der mächtigen Elementarkräfte der niederen astralen ist, wird er dennoch die Kontakte der höheren spirituellen benötigen, damit er nicht in die nicht-menschlichen Aspekte der Natur hineingezogen wird und darin versinkt.

Jede Ebene und ihr entsprechender Bewusstseinsaspekt wird unter der Ägide des Herrn des Strahls erschlossen, dessen Name das oberste Machtwort der jeweiligen Ebene ist.

Jede okkulte Schule neigt leider dazu, sich zu spezialisieren, weil die Temperamente der Rassen ihre natürliche Neigung haben. Die Strahlen, mit denen derzeit in der westlichen Tradition am meisten gearbeitet wird, sind die Strahlen des konkreten Verstandes und des konkreten Geistes. Die östliche Tradition hingegen hat den Strahl des ätherischen Aspekts der Materie im Hatha-Yoga und den Strahl des abstrakten Geistes im Raja-Yoga zu einem hohen Grad der Entwicklung gebracht.

Andere Strahlen hatten ihre Entwicklungsphase in verschiedenen Zeiten der Weltgeschichte. Die Griechen zum Beispiel vollzogen ihre Einweihungen mit den Strahlen des höheren Astralbereichs und des abstrakten Verstandes. Wenn wir einen Strahl studieren wollen, wenden wir uns daher an die esoterische Schule, die sich auf diesen Aspekt spezialisiert hat.

Die siebte Ebene, die Ebene des abstrakten Geistes, wird auf der gegenwärtigen Evolutionsstufe niemals kontaktiert, während man sich im Körper befindet; das Ego muss sich für diesen Kontakt vom Körper zurückziehen, und der Körper begibt sich dann in tiefe Trance.

Dieser Aspekt ist im Osten am stärksten entwickelt worden, und deshalb ist dieser Strahl allgemein als der buddhische Strahl bekannt; aber wir haben im Westen Beispiele dafür bei unseren Ekstatikern; die heilige Theresa ist unsere wichtigste Autorität in dieser Beziehung.

Dieser Aspekt ist in der heutigen Zeit äußerst selten und kann nur im Rückzug unter asketischen Bedingungen entwickelt werden. Dieser Strahl hat keinen Logos in dem Sinne, wie die anderen Strahlen ihn haben, denn er wurde noch nicht in der

Materie manifestiert und hat sich daher noch nie durch das Bewusstsein eines inkarnierten Wesens fokussiert. Er kann nur im tiefen Trancezustand angerufen und kontaktiert werden, und niemals im vollen Wachbewusstsein, denn er gehört zur Ebene des Heiligen Geistes.

Die Durchführungen dieser Kontakte beinhalten den Rückzug der Seele aus der Welt und werden nie unternommen, bevor die Zeit naht, in der sich das Individuum vom Rad der Geburt und des Todes befreien kann. Die Konzentration auf diesen Kontakt, bevor die Zeit reif ist, führt zu einer Stagnation des spirituellen Wachstums.

Es gibt ein Beispiel dafür in Europa bei den Quietisten[1]: um eine ausdrucksvolle Metapher aus Evelyn Underhills[2] großem Werk über Mystik zu verwenden, „Mme. Guyon sonnte sich wie eine fromme Katze in den Strahlen des unerschaffenen Lichts".

Es ist die intensive Entwicklung dieses Aspekts, die den Fortschritt des Ostens gelähmt hat.

Die sechste Ebene, die Ebene des konkreten Geistes, ist der Brennpunkt der gegenwärtigen Zivilisation. Hier werden die spirituellen Eigenschaften der Liebe, Wahrheit, Güte, Reinheit und viele andere entwickelt. Dieser Strahl wurde den Menschen durch den Meister Jesus offenbart, der der Meister der Meister

---

1)Quietismus: bezeichnet eine Sonderform der christlichen Mystik, Theologie und Askese. Er hat seine Wurzeln im katholischen Bereich, wurde jedoch vom Lehramt als Irrlehre und falsche Form der Lebensführung verworfen. Im heutigen allgemeinen Sprachgebrauch dient der Ausdruck Quietismus zur abschätzigen Bezeichnung einer Lebens- und Geisteshaltung, die sich jeder ethischen Herausforderung durch Gleichgültigkeit, Passivität, Resignation oder Weltflucht entzieht. (Wikipedia) (Anm. d. Übers.)

2) Evelyn Underhill (* 6. Dezember 1875 in Wolverhampton, Staffordshire, England; † 15. Juni 1941 in London) war eine englische anglokatholische Mystikerin und Theologin. Die anglikanische Kirche von England und die Episcopalian Church der USA verehren sie in ihren Heiligenkalendern unter dem Datum vom 15. Juni. (Wikipedia) (Anm. d. Übers.)

und der Logos dieses Strahls ist; er ist daher als der christliche Strahl bekannt. Die Einweihung dieses Strahls ist das höchste Ideal, das ein Mensch erreichen kann, während er noch auf dem menschlichen Evolutionsweg ist.

Es sind die Kontakte mit diesem Strahl, die ihn befähigen, die höchste Vision der Schönheit zu erfahren und seinen Kelch in einen Gral zu verwandeln. Es ist die verborgene Kraft des Christentums, die den Jüngern im Abendmahlssaal gelehrt wurde, während die Menge nur eine Lebensregel erhielt — eine Regel jedoch, die, wenn sie treu befolgt würde, die Menschen in jenen Abendmahlssaal bringen würde, wo sie die innere Lehre empfangen könnten, die nicht vorenthalten, sondern nur getrennt gehalten wird. Es ist die Kraft des christlichen Strahls, die durch den Gral leuchtet, und es ist die Kirche des Grals, zu der der Aspirant kommt, der sich entscheidet, den Kreuzweg zu gehen.

Das ist die Kirche hinter der Kirche, die nicht gesehen, aber verwirklicht werden soll; zu ihr führt die Hingabe an die Sakramente einen Menschen. Die Kirche, die aus Stein ist, verschwindet für ihn, und er findet sich in der Kirche wieder, die nicht mit Händen gebaut ist, die ewig in den Himmeln ist. Hier vollzieht der christliche Mystiker seine Anbetung; hier begegnet er seinem Meister von Angesicht zu Angesicht in dem Wein und dem Brot, die nicht Brot und Wein sind, sondern die Substanzen einer magischen Handlung, die zu geistigem Gold sublimiert wurden.

Die Einweihungen der Ebene des abstrakten Verstandes befassen sich mit der Entwicklung des intuitiven Denkens und der Kraft des deduktiven Denkens, um vom Bekannten ins Unbekannte zu gelangen und es in verständliche Begriffe zu übersetzen. Er wird oft als Pythagoreischer Strahl bezeichnet, weil seinen Höhepunkt zur Zeit der Mysterienschulen Griechenlands hatte. Dies ist der wahre Strahl der Weisheit, denn seine Kontakte stellen die erste der objektiven Einweihungen dar, bei denen die Türen des Selbst geöffnet werden und es in unmittelbare Beziehungen mit dem Nicht-Selbst tritt.

Alle Einweihungen vor dieser öffnen nur die verborgenen Höhen und Tiefen des Selbst.

Der Strahl des konkreten Verstandes ist der höchste Aspekt der inkarnierten Persönlichkeit. Der dreimal große Hermes (Trismegistus) ist der Logos dieses Strahls.

Seine höchste Entwicklung hat er in den ägyptischen und kabbalistischen Systemen erreicht, und er wurde in den Schulen der Neuplatoniker und Gnostiker mit dem christlichen Gedankengut vermischt; aber die verfolgende Energie der Kirche, die längst exoterisch geworden war, hat ihn als organisiertes System ausgemerzt.

Seine Studien wurden während des dunklen Mittelalters nur unter den Juden lebendig gehalten, die die Hauptvertreter seines kabbalistischen Aspekts waren. Sein ägyptischer Aspekt wurde von den Templern wieder in Europa eingeführt, nachdem sie durch die Kreuzzüge mit den heiligen Zentren im Nahen Osten in Kontakt gekommen waren.

Durch die Angst und Eifersucht der Kirche wieder verdrängt, tauchte er in der langen Reihe der Alchemisten wieder auf, die, nachdem die Macht Roms durch die Reformation gebrochen worden war, aufblühten; und er ist noch heute lebendig.

Der Strahl, der der höheren Astralebene entspricht, ist als keltischer Strahl bekannt, denn seine Einweihung des höheren emotionalen Selbst gab der keltischen Kultur ihren Anstoß. Er zeigt sich in seiner höchsten Manifestation in der früheren griechischen Tradition, besonders in den dionysischen Kulten, bevor der Einfluss des östlichen und ägyptischen Denkens Entwicklungen hervorgebracht hatte, die nicht typisch für den hellenischen Genius waren.

Der keltische Strahl befasst sich im Wesentlichen mit den Naturkräften und dem Naturaspekt der Dinge; da er eine Einweihung der Emotionen ist, sind seine Wertmaßstäbe ästhetisch, nicht ethisch; seine Ideale sind Schönheit und Freude, nicht Wahrheit und Güte, und das müssen wir bedenken, wenn wir seine Anhänger beurteilen. Er ist weit entfernt von der Welt der Menschen und der weltlichen Werte; aber ohne seinen Sauerteig würde der Utilitarismus jede weiterreichende Vision ersticken.

Aus diesem Strahl schöpft jede fantasievolle Arbeit ihre Inspiration, und jeder kreative Künstler bezieht daraus seine Kraft. Es ist im Wesentlichen der Strahl des Künstlers, welches Medium er auch immer benutzen mag, um ihm Ausdruck zu verleihen; und es ist die Kraft dieses Strahls, die den feinen Unterschied zwischen den Produkten des Kunsthandwerkers und den Produkten einer Maschine ausmacht und den handgemachten Dingen die subtile Faszination verleiht, die sie für die sensible Seele haben.

Auch wenn ihre Technik nicht so perfekt ist wie die der maschinellen Herstellung, so besitzen diese Werke doch die wunderbare natürliche Lebendigkeit des keltischen Strahls, die ihr Schöpfer, der mit der kreativen Inspiration aus diesem Strahl arbeitet, ihnen verleiht.

Ja, sie sind buchstäblich lebendig, da sie mit der Essenz der Natur beseelt sind, und daher sind sie auf eine Weise "wohltuend", wie es ein maschinell hergestelltes Objekt nicht ist.

Aber obwohl der griechische Ausdruck der alten Weisheit hervorragendes Studienmaterial bietet, müssen wir versuchen, über die Form, die er im kollektiven Geist unserer Rasse geschaffen hat, mit seiner Macht in Kontakt zu kommen. Und der wahre Ausdruck des keltischen Strahls liegt für die Bewohner der britischen Inseln in der gälischen Feenüberlieferung.

Viele Generationen der britischen Intellektuellen sind von der klassischen Tradition genährt worden und haben folglich jene ferne, antike und fremde Art von künstlerischer oder literarischer Schönheit hervorgebracht, die man klassisch nennt. Es handelt sich um eine Art von Schönheit, für deren Würdigung eine besondere Kultur erforderlich ist, eine klassische Kultur, die derjenigen ähnelt, die den Schöpfer des Schönen inspiriert hat; denn die natürliche Lebenskraft, die seine Schöpfungen beseelt, entstammt dem hellenischen Aspekt des keltischen Strahls (denn auch die römische Tradition entstammt dieser Quelle), und deshalb spricht sie den gewöhnlichen Menschen nicht an, der diese Kontakte nicht in seiner Seele aufgebaut hat. Kontakte mit einer fremden Kraft müssen langsam und aufwendig aufgebaut werden, sie entstehen nicht spontan und sind auch nicht angeboren; und sie müssen nicht nur aufgebaut, sondern auch zärtlich gehegt werden, denn sie sind tropische Pflanzen der Seele.

Aber das, was aus den Überlieferungen unseres eigenen Volkes stammt, entspringt wie Wasser aus einer Quelle, etwas Lebendiges, das aus der dunklen Erde kommt, frisch mit dem Atem des Grases, der Wiesen oder der Bäume des Urwalds; es sprudelt und funkelt, und selbst ein dumpfer Wanderer kann nicht anders, als sich daran zu erfreuen, denn es ist ihm angeboren; er braucht keine Erklärung, er liebt die Schönheit der Natur, weil er sie genießt, und er genießt sie, weil sie sein ganzes Wesen belebt. Sie belebt sein Wesen, weil sie ihn in Berührung bringt mit der sonnengewärmten, regennassen Erde, seiner heimatlichen Erde, die er als Kind mit nackten Füßen betreten hat, als seine Seele noch offen war und er das Unsichtbare noch spüren konnte.

Sie weht durch seine Seele, wie der Wind in den Bergen; sie treibt über ihn hinweg wie die Wellen des offenen Meeres; und sein Herz schlägt freudig wie die hüpfenden Flammen des lebendigen Feuers; denn durch den Staub seiner Väter ist er verwandt mit den Elementen in seiner Heimat, und auf dem Weg seiner Kindheitsträume nähert er sich dem keltischen Strahl. Denn der Eingeweihte des keltischen Strahls ist das unsterbliche Kind, der Narr des Himmels, immer jung, aber niemals weise, denn Weisheit liegt nicht im keltischen Strahl.

Der Strahl, der der niederen Astralebene entspricht, wird als nordischer Strahl bezeichnet, weil die reinsten Kontakte dieser heutzutage so verfälschten Tradition, die uns im Westen zur Verfügung stehen, die der nordischen Mythologie sind. Die niedere Astralebene ist die Ebene der primitiven Instinkte und der damit verbundenen rohen Leidenschaften, und die Sublimierung dieser Leidenschaften bewirkt die Ekstase der Einweihung dieses Strahls. In der nordischen Tradition leitet sich die Ekstase aus einer Sublimierung der Qualität des Mutes in seiner Apotheose als nackte Kampfeslust ab.

In anderen Traditionen nimmt dieser Strahl unterschiedliche Formen an. Im Hindu-System ist es die schreckliche Kali-Verehrung mit ihren „Thugs“ und Selbstverstümmelungen; die Apotheose der Grausamkeit, nicht des Mutes. Der priapische, im Unterschied zum dionysischen Aspekt der phallischen Verehrung, gehört auch zu diesem Strahl.

Man darf aber nicht denken, dass dieser Strahl an sich schlecht ist. Nichts, was Gott geschaffen hat, ist an sich böse; es wird erst in seiner Pervertierung und Verzerrung böse. Der nordische Strahl ist der Strahl der heldenhaften Tugenden, wie Mut, Ausdauer und Stabilität.

Wenn dieses starke primitive Element fehlt, werden die Menschen dekadent und neurotisch, manisch und abergläubisch, Künstlichkeit tritt an die Stelle der natürlichen Instinkte.

Die Zeit, in der sich dieser Strahl auf der Erde manifestierte, ist so weit entfernt, dass seine Funktionen mit dem Kleinhirn verknüpft wurden, denn es existierte schon, bevor das Großhirn, der Teil des Gehirns, der die charakteristische menschliche Stirn erzeugt, entwickelt wurde.

Normalerweise steht die mentale Aktivität, die diesem Teil des Gehirns entspricht, nicht im Fokus der wachen Persönlichkeit, sondern ist unterbewusst und kommt nur in Zeiten intensiver Emotionen an die Oberfläche, oder wenn die jüngeren Teile des Gehirns durch den Einfluss von Drogen oder Krankheiten außer Gefecht gesetzt wurden.

Er ist natürlich der Strahl der schwarzen Magie schlechthin und infolgedessen stark verunreinigt. Seine Kontakte werden nur in primitiven Hexenkulten und, so widersprüchlich es erscheinen mag, von sehr hoch ausgebildeten Okkultisten genutzt; denn von der Fähigkeit, die Kräfte dieser Ebene zu kontaktieren und zu kontrollieren, hängt die Macht ab, greifbare Effekte in der dichten Materie zu erzeugen.

Der Name des Meisters der Meister dieser Ebene kann nicht genannt werden, da es sich um ein Wort der Macht handelt, aber es kann gesagt werden, dass es die besondere Funktion des Erzengels Michael ist, die Tore der Unterwelt zu bewachen, damit kein Ansturm von „Chaos und ew'ger Nacht“ auf die irdische Ebene durchbrechen kann.

Der Strahl, der sich mit der Bildung der irdischen Ebene befasst hat, ist noch älter als der nordische Strahl. Er manifestierte sich, bevor die Materie, wie wir sie in ihrem dichten Aspekt kennen, sich gebildet hat. Als einleitende Kraft entwickelt er die Mächte des ätherischen Doppels. Kontakte zu ihm werden im Osten durch die Disziplin des Hatha-Yoga erarbeitet, und da wir im Westen keine entsprechende Schule haben, werden wir ihn den ätherischen Strahl nennen.

In seinem ursprünglichen Aspekt ist er längst aus der Manifestation herausgetreten, aber der Zyklus der Evolution beginnt, ihn auf einem höheren Niveau wieder hereinzubringen, und wir sehen eine große Entwicklung der Macht des Verstandes über den Körper in solchen Kulten wie „Christian Science“ und der „New Thought“ Bewegung. Der Geistheiler erzielt seine Ergebnisse natürlich indem er auf den ätherischen Doppel wirkt, genauso wie der Fakir seine Phänomene erzeugt.

Diese sieben Strahlen bilden die Skala der Einweihung und niemand kann mit Recht ein Adept genannt werden, der nicht die ihnen entsprechenden Grade besitzt. In Bezug auf unsere gegenwärtige Evolutionsstufe liegt der buddhische Strahl vor uns; der ätherische Strahl in seinem ursprünglichen Aspekt liegt hinter uns. Der christliche Strahl ist der Brennpunkt im gegenwärtigen Zeitalter. Die Entwicklung vollzieht sich entlang der Linien, die der Meister Jesus festgelegt hat. Die Kräfte der anderen Strahlen, mit Ausnahme des buddhischen Strahls, der gegenwärtig nicht zur irdischen Ebene gehört, sind Rekapitulationen, durch die ein Mensch das für sich in Besitz nimmt, was die Menschheit in der Vergangenheit erreicht hat und was zum Erbe der Menschheit gehört.

Der Meister Jesus, der solare Logos des Strahls, unter dem sich die moderne Zivilisation entwickelt, ist der Herr dieser Epoche, und sein Name ist das höchste Wort der Macht, denn in jeder Manifestation des Christus sind ihm alle Dinge im Himmel und auf Erden verpflichtet, einschließlich derjenigen seiner Brüder, die ihm im Amt vorausgegangen sind. Eine weitere Inkarnation der Kraft des Christus wird zu gegebener evolutionärer Zeit kommen, wie alle Religionen lehren, aber sie ist noch nicht gekommen, und bis sie kommt, ist der Meister Jesus der Meister der Meister für den Westen und der große Einweihende der Völker.

Die Entwicklung und Aufgaben der Meister

In den letzten Jahren ist viel über diejenigen geschrieben worden, die die Meister genannt werden, und es wurden viele verschiedene Meinungen geäußert. Einige Autoren stufen sie als der Gottheit nur wenig unterlegen ein, und andere scheinen das Wort als gleichbedeutend mit dem "control"[1] der Spiritisten zu verwenden, oder meinen sogar, dass sie eine menschliche Gestalt und Wohnorte auf der physischen Ebene haben.

Dies hat zu vielen Missverständnissen und zu einer Abwertung des Konzepts dieser göttlichen Wesen und Übermenschen geführt, mit denen die Menschheit in Kontakt kommen kann.

Das Missverständnis ist größtenteils auf die Tatsache zurückzuführen, dass alles, was die Übermenschen betrifft, von gedankenlosen Schülern häufig in einen Topf geworfen wurde und die Funktionen des Adepten, des Meisters und des Meisters der Meister, des solaren Logos oder des Chohan des Strahls (je nach verwendeter Terminologie) verwechselt und ihre Abstufungen durcheinandergebracht wurden. In der auf diesen Seiten verwendeten Terminologie wird das Wort „Meister“ niemals auf ein Wesen angewandt, das auf der physischen Ebene inkarniert ist, sondern ist denjenigen vorbehalten, die für die Ausführung ihrer Arbeit nicht mehr inkarnieren müssen.

Der Begriff Adept wird für jene Wesen verwendet, die über das Stadium hinausgegangen sind, das die Evolution auf unserem Planeten erreicht hat, und die daher nichts von seinen

1) Die körperlose Wesenheit, die das Medium während der *Séance in Besitz nimmt.*

Bedingungen zu lernen haben, sondern sich dafür entscheiden, sich zu inkarnieren, um eine bestimmte Aufgabe zu erfüllen; und sie werden nicht als göttliche Wesen betrachtet, sondern als ältere Brüder.

Der Mann oder die Frau, die in den großen Mysterien über einen bestimmten Grad hinaus fortgeschritten sind, werden als Eingeweihte bezeichnet, und darunter folgen die Grade Bruder, Neophyt, Geweihter, Diener und Suchender.

Da sich die Grade der Hierarchie auf Evolutionsstufen beziehen, kann man ihre Bedeutung am besten verstehen, wenn man sie der Reihenfolge nach studiert, beginnend mit der ersten Manifestation, die jetzt die höchste ist, wobei jedes nachfolgende Auftauchen die Einweihung eine Stufe tiefer in den Ebenen bringt; und da sich die Menschheit in der Zwischenzeit stetig auf den Ebenen nach oben entwickelt, kommt eine Zeit, in der das kosmische Bewusstsein im normalen Wachzustand erlangt und aufrechterhalten werden kann.

„In meinem Fleisch werde ich Gott sehen."

Die Arbeit der Manus, die sich in früheren Evolutionen entwickelt haben, wurde in einem anderen Kapitel erklärt, und wir werden die Geschichte an dem Punkt wieder aufnehmen, an dem die großen Meister, die die Schüler der Manus waren, in Funktion treten.

Betrachten wir zunächst den Zustand der Menschheit zu der Zeit, als die Manus auf der physischen Ebene zu erscheinen begannen.

Er war weit niedriger als der des primitivsten Wilden, da die Intelligenz im Wesentlichen animalischer Art war, denn es war die Funktion der Manus, bei der Entwicklung jener Fähigkeiten zu helfen, die charakteristisch menschlich sind und uns von unseren jüngeren Brüdern, den Tieren, unterscheiden.

Die Manus selbst hatten sich in früheren Evolutionen entwickelt; und es war ihre Aufgabe, der Menschheit zu helfen, die evolutionären Erfahrungen schnell zu rekapitulieren, die sie auf die Ebene bringen sollten, auf der sich ihre Vorgänger von der physischen Ebene zurückgezogen hatten; denn die Menschheit sollte die Arbeit des Planeten dort aufnehmen, wo die Herren des Verstandes sie niedergelegt hatten. Um die Zeit für einen mühsamen Wiederaufbau zu sparen, übernahmen einige der vervollkommneten Wesenheiten der vorherigen Lebenswelle die Aufgabe, der Menschheit die Früchte ihrer Evolution zu übergeben.

Die Menschheit hatte nur das Stadium des perzeptiven Bewusstseins erreicht, das heißt, sie konnte mentale Bilder erzeugen, die in Gedächtnisfolgen verknüpft waren; es war nun notwendig geworden, das begreifende Bewusstsein zu entwickeln, damit Gedächtnisbilder zu Verallgemeinerungen synthetisiert werden konnten. Die Manus pflanzten mittels Suggestion oder Gedankenübertragung Ideen in das menschliche Bewusstsein, und die für diese Operation ausgewählten Menschen waren, sobald sie die Erfahrung des Begreifens eines Konzepts gemacht und die Möglichkeit dieser Form des Denkens erkannt hatten, bald in der Lage, ihrerseits Synthesen von Bildern für sich selbst zu konstruieren; sie wurden dann dazu gebracht, diesen Prozess unter Anleitung ihrer Lehrer eifrig zu üben, so wie Aspiranten in der heutigen Zeit dazu gebracht werden, das intuitive Denken der abstrakten Ebenen zu üben.

Sobald dieser Prozess in vollem Gange war, konnten sich die Manus auf eine höhere Ebene zurückziehen, und die Schüler, die sie in ihre Denkmethoden eingeweiht hatten, wurden zurückgelassen, um ihre Mitmenschen unter den Anweisungen der Manus zu schulen. Im Laufe der Evolution hatten einige dieser Schüler so große Fortschritte gemacht, dass sie sich über die

Notwendigkeit der Inkarnation hinaus entwickelt hatten und sich selbst von der physischen Ebene zurückzogen. Die Herren des Verstandes, die ihre Einweihenden waren, konnten sich dann an ihren eigenen Ort zurückziehen, der sich nicht auf unserem Planeten befindet, wenn auch innerhalb der Grenzen unseres Sonnensystems, und die Herren der Menschheit wurden die Einweihenden ihres eigenen Volkes.

Die vervollkommneten Wesenheiten, die durch frühere Evolutionen entstanden sind, haben ihre eigenen Funktionen innerhalb des Universums als Gesetze, Kräfte und Prinzipien, und nur die Herren des Verstandes kommen unserer Vorstellung von dem, was bewusste Wesen sind, auch nur im Geringsten nahe. Obwohl sie entsprechend ihres eigenen Typus perfekt und vollständig sind, gehören sie zu einer viel niedrigeren Evolutionsstufe als die Menschheit, wenn diese ihrerseits ihre Entwicklung vollendet hat. Aber so wie ein zweijähriger Hund in einem viel höheren Entwicklungsstadium ist als ein zweijähriges Kind, und man ihn dazu bringen könnte, letzteres zu bewachen, so sind die Herren des Verstandes unendlich viel höher entwickelt als die kindliche Menschheit, obwohl die Menschheit über den Herren des Verstandes stehen wird, wenn sie voll entwickelt ist.

Mit dem Eintritt in jede neue Phase der menschlichen Evolution inkarnierte einer der Herren der Menschheit auf der physischen Ebene, um die archetypischen Ideen, die in dieser Phase ausgearbeitet werden sollten, in das menschliche Bewusstsein einzuführen, und diese Ideen lehrte er einer auserwählten Schar von Schülern durch Prinzipien, der Masse aber durch sein Beispiel; das heißt, er lebte das ideale Leben, er manifestierte den idealen Charakter und präsentierte so dem Bewusstsein der Menschen eine neue Vorstellung von menschlicher Vollkommenheit und bildete einen Maßstab, an dem sie ihr Leben und ihre Handlungen messen konnten.

Sie sind also die großen Vorbilder und repräsentieren den Archetypus. Der Mensch, zu dem die Menschheit werden kann, wenn sie die so eingeleitete Phase der Evolution abgeschlossen hat.

Aber sie sind mehr als nur Vorbilder. Sie sind auch Erlöser, denn bevor das Werk einer neuen Phase in Angriff genommen werden kann, müssen sie alle Reste der Irrtümer aus der letzten Phase der Evolution bereinigen und ausgleichen, und das tun sie, indem sie die Sünde der Welt auf sich nehmen, um die theologische Terminologie zu verwenden.

Den Okkultisten ist eine Methode der Heilung durch Substitution bekannt, bei der durch extremes Mitgefühl mit dem Leiden eines geliebten Menschen das Leiden im eigenen Selbst erfahren und dann durch die entsprechende Reaktion und Erkenntnis auf einer höheren Ebene gesühnt wird. Ein solcher Prozess ist extrem gefährlich, denn wenn die Sühne nicht erfolgreich durchgeführt wird, bleibt der Möchtegern-Heiler mit der Krankheit zurück; es ist auch ein extrem schmerzhafter Prozess, denn das, was das langwierige körperliche Leiden des Patienten gewesen wäre, wird in sein Äquivalent des geistigen Leidens im Heiler für eine kurze Zeitspanne umgewandelt und daher konzentriert.

Außerdem muss der gesamte Prozess im Einklang mit den Gesetzen des Karma durchgeführt werden, sonst wird mehr Schaden als Nutzen angerichtet.

Nun wird das, was manchmal zwischen zwei Individuen geschieht, zwischen dem Erlöser und der Gruppenseele der Welt vollzogen, wenn am Ende einer Evolutionsphase ein Sühnetod vollzogen wird. In den wenigen kurzen Stunden der Kreuzigung wurden die Sünde und das Leiden, die von einer Phase der Evolution übrig geblieben waren, realisiert und aufgehoben.

Kein Wunder, dass der Herr des purpurnen Strahls in Erwartung dieser Tortur betete: „Lass diesen Kelch an mir vorübergehen."

Der Eingeweihte der westlichen Tradition gibt der Passion und ihrer rituellen Darstellung in der Messe denselben Stellenwert wie der Theologe; für ihn stellt die Eucharistie den höchsten Kontakt zwischen seinem Strahl und seiner Rasse dar. Aber er erkennt auch die anderen großen Erlöser an und weiß, dass die Legende vom Opfertod auf sie alle zutrifft.

Wenn ein Meister sich als Erlöser inkarniert hat und durch den Opfertod gegangen ist, reinkarniert er nicht mehr, sondern wird zum solaren Logos seines Strahls, einem der sieben Genien vor dem Thron, und fokussiert so die Kraft dieses Logos durch die Linse seiner Personifizierung. Nun ist eine Personifizierung nicht dasselbe wie eine Persönlichkeit, sondern sie ist das Bild, das das Individuum für eine bestimmte Inkarnation formt, um sich auf der Ebene der Materie zu manifestieren.

Dies ist ein bedeutender Punkt im praktischen Okkultismus und es ist das, worauf sich Madame Blavatsky bezieht, wenn sie in „Die Geheimlehre" sagt, dass der Körper eines Meisters illusorisch ist.

Wenn Hellseher berichten, dass der Meister Jesus an diesem oder jenem Ort inkarniert ist, dann ist das keine Inkarnation, die sie wahrgenommen haben, sondern eine Personifizierung, eine Gedankenform im Bewusstsein des solaren Logos, die benutzt wird, um seinen Strahl zu fokussieren; und wenn über diese Inkarnation in einem heiligen Zentrum im Himalaja oder im Kaukasus berichtet wird, bedeutet das, dass der Astralkörper des Hellsehers in einem dieser Astralzentren arbeitet.

Es ist nicht so, dass der Meister Jesus dort wohnt, sondern dass der Hellseher dort wirkt! Eine ganz andere Sache.

Es ist eine äußerst einfache Sache, das astrale Bewusstsein wieder zu öffnen, wenn der Hellseher in seinem kausalen, abstrakten oder mentalen Körper arbeiten soll, und dann werden beide Arten von Bewusstsein dem Ego gleichzeitig präsentiert, wie zwei Belichtungen einer fotografischen Platte.

Außerdem können Hellseher, die nicht die richtige Beweisformel haben, um „die Geister" auf der Ebene und dem Strahl, auf dem sie arbeiten, „zu prüfen", leicht die Inhalte ihres Unterbewusstseins als Gedankenformen externalisieren und so die Bilder ihres eigenen Unterbewusstseins sehen, während sie glauben, die Erinnerungen der Natur zu lesen, und so als Visionen zu vermitteln, was nur vorgefasste und persönliche Ideen sind.

Schließlich wird ein Hellseher, der nicht höher als auf der Astralebene arbeiten kann, alles in anthropomorphen Begriffen des imaginativen Bewusstseins beschreiben; wenn jemand daher Dinge untersuchen will, die nicht dieser Ebene angehören, kann er sich nicht bewusst zu einer Erkenntnis des Abstrakten erheben, sondern wird nur in der Lage sein, die Reflexionen im astralen Licht zu sehen, indem er das astrale Bewusstsein als Spiegel benutzt; und Dinge, die reiner Geist und daher formlos sind, werden so beschrieben, als hätten sie Form und Aussehen.

Die gesehenen Erscheinungen sind einfach symbolische Darstellungen des Abstrakten, wie es vom konkreten Bewusstsein wahrgenommen wird, und der Hellseher sollte in der Lage sein, sie abstrakt zu interpretieren, wie es Anna Kingsford[1] in Bezug auf ihre Visionen tat; aber wenn ein Hellseher die Methode der Umwandlung der Symbolik zwischen den Ebenen nicht versteht, bekommen wir eine Darstellung des Christus, der unter

1) Anna Bonus Kingsford (geborene Annie Bonus) (* 16. September 1846 in Maryland Point, Stratford, Essex (heute zu London), England; † 22. Februar 1888 in London) war eine englische Ärztin, Frauenrechtlerin, Autorin und Theosophin. (Anm. d. Übers.)

einem Baum in seinem Garten steht und jeden Abend die Welt mit ausgestreckten Händen segnet.

Nun ist ein Christus keine Persönlichkeit und war es auch nie; er ist nicht einmal individualisiert, sondern ist einfach der regenerative und versöhnende Aspekt der logoischen Kraft und als solcher wird er als kosmischer Christus bezeichnet, um ihn von der Manifestation dieser Kraft zu unterscheiden, die durch den Kanal des Bewusstseins eines Erlösers kommt. Es ist diese Kraft, die durch alle Erlöser der Welt, ob östlich oder westlich, gewirkt hat, aber Jesus, der Christus, ist als Erlöser der westlichen Zivilisationsphase der Evolution für uns „der einzige Name unter dem Himmel, durch den wir gerettet werden", das heißt, durch den wir die höchste Einweihung erhalten, die uns in dieser Sphäre gegenwärtig zur Verfügung steht.

„Jedem sein eigener Herr", und wir dürfen auch nicht „den Diener eines anderen richten", aber für die westlichen Völker ist Jesus von Nazareth der Christus, denn es ist sein Ideal, das unsere Zivilisation so langsam und mühsam herausarbeitet. Der kommende Weltlehrer betrifft die nächste Wurzelrasse und hat nichts mit der westlichen Zivilisation zu tun, die das Gesetz der Liebe nach der Vorgabe des Meisters Jesus verwirklichen muss.

Nur die Menschen, die als Samen für die neue Rasse dienen sollen, werden dem neuen Weltlehrer folgen, wenn er sie ruft, und dann werden sie erkennen, dass es nicht möglich ist, die europäische Zivilisation durch die Methoden zu regenerieren, die sie einführen wollen, sondern sie werden sich in Kolonien oder Gemeinschaften absondern und ihr eigenes Leben getrennt leben müssen, während die westliche Zivilisation ihr eigenes Schicksal verwirklicht und ihren Zenit erreicht.

Dann, mit dem Zerfall dieser Zivilisation, werden sich die Seelen, die sie vervollkommnet hat, zurückziehen, um später in der neuen Wurzelrasse wieder zu inkarnieren; aber sie werden als Individuen kommen, denn es ist nicht möglich, die Gruppenseele einer Zivilisation von einem Manu auf einen anderen zu übertragen; denn die Gruppenseele ist, wie der Gruppenkörper oder die soziale Organisation, endlich und sterblich und muss sterben, bevor sie wieder inkarniert werden kann.

Es ist nur der Geist der Menschheit, der unsterblich ist und eine Evolution überdauert; der Geist allein, der universell und überall auf dem Planeten eins ist. Soziale Organisationen sind so getrennt wie Individuen, und ihre Gruppenseelen oder Devas werden sie nicht zusammenwachsen lassen, obwohl sie auf der Ebene des Gruppenbewusstseins Bruderschaften bilden können.

Der Meister Jesus ist „ein Hohepriester nach der Ordnung Melchisedeks“ und hatte nach der westlichen esoterischen Tradition nur zwei Manifestationen auf dieser Ebene, bevor Er nach der dritten, letzten und höchsten Manifestation, die die Vollendung Seines Werkes war, über die Ebenen der Form hinausging.

Er war nie von unserer Menschheit und gehört jetzt dem Grad des kosmischen Feuers in der Hierarchie an, und deshalb ist die Sonne Sein angemessenes Symbol, und Seine Kirche feiert die Jahreszeiten des Sonnenjahres und identifiziert sie mit den Ereignissen Seines Lebens, wodurch der Sonnenmythos entstanden ist.

Die Geschichten der Evangelien behandeln zwei Arten von Tatsachen, die historische Erzählung der Menschwerdung und die Attribute seines Amts als Erlöser, die unser Herr innehatte; die Darstellung dieser doppelten Bedeutung würde den Rahmen dieser Seiten sprengen, aber der Erleuchtete wird ohne Weiteres in der Lage sein, die beiden zu unterscheiden und jedes Ereignis im göttlichen Leben seiner richtigen Kategorie zuzuordnen. Der Meister Jesus hat nicht den gleichen hierarchischen Rang wie andere Meister, mit denen er manchmal in Verbindung gebracht oder verwechselt wurde.

Er steht auf der gleichen Stufe wie die Manus Krishna und Osiris, als Meister der Meister Seines Strahls, dem auch die großen Meister unterstehen, die Regeneratoren, aber nicht Erlöser sind, da sie nicht den Opfertod starben.

Dazu gehört auch Moses, der Israel das Gesetz gab. Gautama, der Asien das Gesetz gab, Mohammed, der Afrika das Gesetz gab, und Paulus, der Europa das Gesetz gab. Das Werk dieser Meister wird mit dem bewussten Verstand der Menschen vollbracht, aber das Werk der Christusse wird mit dem Bewusstsein der Rasse vollbracht.

Unter diesen wiederum befinden sich die kleinen Meister, die man in der christlichen Terminologie als die Heiligen bezeichnen würde, und diese sind es, die sich in der heutigen Zeit mit der Lehre und Ausbildung der Menschheit beschäftigen.

Der Mystiker spricht von der Gemeinschaft der Heiligen, und der Okkultist spricht von der Loge der Meister, und beide beziehen sich auf verschiedene Formen derselben Sache. Die Gemeinschaft der Heiligen ist die Bruderschaft der „vollendeten Gerechten“, die durch den Weg des Kreuzes über die Inkarnation hinausgegangen sind. Und so wie sie die Kirche während ihres Aufenthaltes im Tabernakel des Fleisches liebten, so lieben sie sie auch jetzt im Leben des Geistes. Und so folgen sie „mit Engeln, Erzengeln und der ganzen himmlischen Schar“ dem Ruf der Glocke des „Sanctus“ und in jener Gralsmesse, an der die mystische Seele teilhat, treffen sich die Kirche des Himmels und die Kirche der Erde. Sie sind es, die die Kirche hinter der Kirche oder, in der Sprache der westlichen Tradition, die Gralskirche bilden, und in dieser „Gemeinschaft der vollendeten Gerechten“ liegt die Stärke der Kirche.

Aus diesem Grund hat das Gebet zu den Heiligen und die Wahl eines Schutzpatrons einen großen Wert auf dem mystischen Weg, denn der Schutzpatron ist für den Mystiker das, was der Meister für den Okkultisten ist — eine Linse, durch die die kosmische Kraft konzentriert wird, ein Symbol, durch das das Bewusstsein zu transzendenten Konzepten erhoben wird, ein älterer Bruder, der denselben Weg gegangen ist und die menschlichen Bedürfnisse des Suchers versteht, der sich seiner Obhut anvertraut hat, und der aus einer tieferen Weisheit und größeren Kraft heraus Rat und Hilfe in jenen kleinen Dingen geben kann, die der kämpfenden Seele so groß erscheinen.

Große kosmische Kräfte werden nur für große kosmische Zwecke eingesetzt, aber jene kosmischen Seelen, die wir Heilige und Meister nennen, können diese Kräfte für die Linderung der kleinen menschlichen Bedürfnisse derer, die in ihrer Obhut sind, in einer Weise umwandeln und anwenden, die jene Seelen selbst aufgrund der Kleinheit ihres Fassungsvermögens und der Begrenztheit ihrer Ideen nicht so erfolgreich tun können.

Es ist wahr, dass kein Gebet, das zum Vater aller hinaufgesandt wird, fruchtlos zu Boden fällt, aber die Überwindung der vorübergehenden Schwierigkeiten des menschlichen Lebens ist nicht die Funktion des Großen Unmanifestierten, ebenso wenig wie das Entzünden von Feuern die Funktion der Sonne ist.

Werden jedoch die Sonnenstrahlen durch ein Brennglas gebündelt, kann das Feuer entzündet werden.

Der erste Manifestierte erhält alle Dinge und wird sie erhalten, ob wir zu Ihm beten oder nicht, und am Ende werden wir alle in dieses unendliche Leben zurückkehren, aber auf dem gegenwärtigen Stand unserer Evolution liegt es außerhalb unserer Reichweite (außer in bestimmten fortgeschrittenen Meditationen, wenn man sich Ihm durch ein Symbol nähert).

Wir werden von den großen Strömen seiner Kraft getragen wie Tiere von den Gezeiten des Meeres, getragen in einer Bewegung, die so gewaltig ist, dass unsere Sinne sie nicht wahrnehmen können. Er erfüllt seine Funktion, ob wir ihn anbeten oder nicht, und keines unserer Gebete kann ihn auch nur eine Haaresbreite von seinem Kurs abbringen.

Der kosmische Christus ist eine universale Kraft; durch Streben können wir unser Bewusstsein dafür öffnen und uns auf seine Linien der Kraft ausrichten, bis das Bewusstsein von ihm durchdrungen wird und Erleuchtung eintritt.

Aber es ist keine Kraft, die kleine menschliche Bedürfnisse lindert, obwohl wir für jede kosmische Aufgabe zurückgreifen darauf können, mit der wir uns befassen.

Es ist der Wächter der Seele, ob wir ihn nun Heiliger oder Meister nennen, der die Hand in der Dunkelheit ausstreckt, nach der das kämpfende Herz verlangt, und ihm die Kraft des Christus bringt, die, wenn sie auf seine nackte Seele angewandt würde, diese verbrennen würde. Das ist auch die Hand, die ihn gegen jene unaussprechliche Herrlichkeit abschirmt, wenn sie so hell wird, dass die neu geöffneten Augen der Seele von ihr versengt werden würden.

Denn die Kraft des Christus ist so stark in ihrer reinigenden Kraft, dass nur Gold, das durch den Schmelzofen geprüft wurde, ihr standhalten kann.

Alles, was Schlacke in unserer Natur ist, geht in Flammen auf, wenn es den regenerativen Feuern ausgesetzt wird, und es ist die Aufgabe der Wächter der Seelen, den Wind für das geschorene Lamm und das feurige Licht für den unvollkommenen Geist zu mäßigen und diejenigen, die das göttliche Ideal empfangen haben, sanft zu führen, bis die Verwirklichung und Erfüllung erreicht werden können.

Wenn wir Kraft für kosmische Zwecke benötigen, richten wir unser Bewusstsein mithilfe bestimmter Meditationen auf die Kräfte des kosmischen Christus aus.

Aber wenn wir Trost brauchen, strecken wir die Hände des Glaubens durch die Dunkelheit des Schleiers aus, und hinter dem Schleier fühlen wir, wie sie von der antwortenden Hand des Hüters der Seele ergriffen werden. In der Stille der Nacht kann man die Hände über den Kopf heben und sich den antwortenden Griff in der Fantasie vorstellen, und dann kann man feststellen, dass die Fantasie sich in Wirklichkeit verwandelt hat und eine plötzliche Kraft die Seele berührt hat, dass man eine unsichtbare Gegenwart in der Dunkelheit spürt, und der Wanderer weiß, dass er nicht allein ist.

Ausbildung und Arbeit eines Eingeweihten

Diejenigen, die auf dem okkulten Pfad nach Wissen suchen, werden es schließlich schaffen, sich in den Dienst eines Meisters zu stellen, und eine Beschreibung der Stufen, durch die diese Lehre erlangt wird, wird bei der Verwirklichung helfen.

Alles manifestierte Leben bewegt sich im großen Strom der Evolution auf die Vollkommenheit zu, langsam, aber sicher.

Jede organisierte Evolutionseinheit oder Gruppenseele einer Spezies wird von einem großen Engelsbewusstsein überwacht, das als Individualität für den sich langsam entwickelnden Gruppengeist wirkt.

Wenn die Individualisierung innerhalb des Gruppenbewusstseins stattfindet, wird jede so geschaffene Einheit zu ihrem eigenen Meister und lernt durch bittere Erfahrung den richtigen Gebrauch ihrer Kräfte, wobei sie viel Karma erzeugt, und die Gruppenseele des Ganzen legt, metaphorisch gesprochen, ihr Gewicht in die Waagschale, als ob sie das so erzeugte zusammengesetzte Karma ausgleichen und das Gleichgewicht der Rasse aufrechterhalten würde.

Sollte das Ungleichgewicht über die Kraft der Korrektur hinausgehen, zieht sich der Gruppenengel oder die höhere Seele zurück, und der Tod der Gruppe findet statt, wie der Tod jedes anderen Körpers, von dem die Seele sich zurückgezogen hat.

Sollte das so entwickelte individuelle Bewusstsein den Geist wahrnehmen, der das Ganze, von dem es ein Teil ist, überschattet und der ihm die göttlichen Kräfte überträgt, sollte es die Idee entwickeln, mit dem göttlichen Leben zusammenzuwirken, anstatt mit seinem eigenen persönlichen Leben zu experimentieren, dann tritt es aus der Herrschaft der Gruppenseele heraus und in die Zuständigkeit der Loge der Meister, die sich mit dieser Gruppe befassen.

Die Loge der Meister ist nur ein anderer Name für die „Gemeinschaft der vollendeten Gerechten“, jene Seelen, die durch höchste Anstrengung ihre Mitmenschen übertroffen und die höchstmögliche menschliche Entwicklung erreicht haben, bevor die evolutionäre Zeit dies für den Rest der Menschheit herbeigeführt hat, viele Seelen haben dies seit dem Beginn unserer Rasse getan. Einige, die die Vollendung erreicht haben, entscheiden sich dafür, das Ende des Mahamvantara oder den Tag der Manifestation in einem Zustand der Glückseligkeit zu erwarten. Andere aber kehren aus Mitgefühl wieder in die irdische Sphäre zurück, um jenen zu helfen, die darum kämpfen, auf dem Weg voranzukommen, den sie selbst gegangen sind. Dies sind diejenigen, auf die der Name "Meister" im Allgemeinen angewendet wird. Es gibt in der Tat andere vervollkommnete Seelen der höheren Grade, die mit anderen Aufgaben beschäftigt sind, aber diese sollten richtiger als „Regenten“ bezeichnet werden; der Begriff „Herr“ wird gewöhnlich auf ein Wesen angewendet, das sich in einer früheren Evolution vervollkommnet hat.

Die Herren der Flamme, der Form und des Verstandes ziehen sich jedoch allmählich in weiter entfernte Sphären zurück, da ihre Arbeit durch zyklische Wiederholung im Laufe großer Zeitalter stereotyp wird und ihre Aufgaben von den Regenten übernommen werden, sodass man es statt mit einem Herrn der Form mit einem Regenten der Sphäre des Saturns zu tun haben könnte. Die Unterscheidung ist wichtig, besonders bei der Regulierung des Karmas durch astrologische Berechnungen, denn die Regenten sind viel zugänglicher als die Herren.

Die Arbeit eines Eingeweihten und folglich die Aufgabe, die der Aspirant übernehmen muss, um sich auf diese Arbeit vorzubereiten, kann nicht vollständig verstanden werden, wenn sie nicht streng auf den Prozess der Evolution bezogen wird, von dem sie ein sehr wesentlicher und wichtiger Teil ist. Der Okkultist glaubt, dass die Arbeit des Universums durch eine Hierarchie von bewussten Wesenheiten durchgeführt wird.

Diese bewussten Wesenheiten sind von verschiedenen Glaubensschulen als Götter, Erzengel oder Devas personifiziert worden; und obwohl diese Personifizierungen von den Unerleuchteten anthropomorphisiert wurden, behalten sie ihre metaphysische Bedeutung für die Eingeweihten, und der Leser wird gebeten, zu versuchen, sich von den Assoziationen zu befreien, die sich in seinem ungeübten Verstand über diese Wesenheiten angesammelt haben. Sie unterscheiden sich von der höchsten Form des Bewusstseins, die wir kennen, so sehr, wie diese höchste Form sich von der niedrigsten unterscheidet, die wir mit unseren Instrumenten der Präzision und Vergrößerung wahrnehmen können. Aber obwohl die Unterschiede so groß sind, dass sie für unsere kurzsichtige Wahrnehmung kaum als Wesenheiten erkennbar sind, unterscheiden sie sich in der Beschaffenheit nicht von jener Art der Organisation und Aktivität, von der unsere menschliche Intelligenz eine der primitivsten Stufen darstellt. Es ist daher besser, sie als Wesenheiten oder bewusste Wesen zu beschreiben, als in irgendeiner anderen Form, weil eine solche Identifikation mit unserer eigenen Art der Evolution dazu dient, auf eine Beziehung hinzuweisen. Denn was wir heute sind, waren sie im Gestern der kosmischen Zeit, und was sie heute sind, werden wir im kosmischen Morgen sein.

Wir werden diese Aussage besser verstehen und erkennen, dass es sich nicht um eine wilde Fantasie der transzendentalen Vorstellungskraft handelt, wenn wir uns an die etablierte und akzeptierte Lehre der Biologie bezüglich der Evolution des Menschen aus primitiven Lebensformen erinnern. Die Biologie hat unanfechtbar die Linie des Aufstiegs des Menschen aufgezeigt, und das Konzept einer Übermenschlichkeit und eines Erzengelreichs ist nur eine weitere Fortsetzung dieser Linie über den Punkt hinaus, an dem die Menschheit jetzt steht.

Die okkulte Wissenschaft unterscheidet sich von der orthodoxen Wissenschaft dadurch, dass sie den Menschen nicht als oberste Sprosse, sondern als eine Zwischenstufe auf der Lebensleiter betrachtet und auf diese Hypothese ihre Lehre von der Einweihung und der damit verbundenen Beschleunigung der individuellen Evolution aufbaut. Wenn man sich daran erinnert, dass die Mysterienschulen die Evolutionslehre zu einer Zeit lehrten (wie historisch bewiesen werden kann), als die orthodoxe Wissenschaft die Lehre von einer besonderen Schöpfung und einem statischen Universum lehrte, scheint es nicht unmöglich, dass die heutige orthodoxe Wissenschaft schließlich den Rest der esoterischen Hypothesen akzeptieren kann, von denen sie bereits viele akzeptiert hat.

Das Bewusstsein des Logos formuliert Ideen bezüglich seines Universums; diese Ideen werden als spirituelle Ideale von den großen planetarischen Logos oder Chohans der Strahlen, um die östliche Terminologie zu verwenden, verwirklicht; diese Ideale werden von den großen Meistern als abstrakte Ideen intellektualisiert und dadurch in die Manifestation bis zur Ebene des abstrakten Verstandes hinuntergebracht. Jenseits dieser Ebene beginnt das Leben der Form, und damit Ideale in die Ebenen der Form gelangen können, müssen sie von bewussten Wesenheiten, die in Begriffen der Form arbeiten, „formuliert" werden. An diesem Punkt beginnt die Arbeit des Adepten, denn er, der noch auf der Ebene der Form lebt, aber sein Bewusstsein auf die Ebene des abstrakten Verstandes zu erheben kann, ist in der Lage, mit den Meistern in Verbindung zu treten und von ihnen die Inspiration der abstrakten Ideale zu empfangen, die er auf die Ebene der Materie übertragen soll.

Man wird daher erkennen, dass der Adept als Vermittler zwischen den Meistern und der Menschheit agiert; er ist in der Tat eines der Glieder in der Kette, durch die die im Bewusstsein des Logos erdachten archetypischen Ideen in der Materie manifestiert werden.

Der Adept ist jedoch nicht das letzte Glied, durch das die Kette der evolutionären Inspiration mit der Ebene der Materie verbunden ist, denn er lebt notwendigerweise getrennt von der Welt der Menschen, weil er in zwei Welten Fuß fassen muss, und das kann er nicht, wenn er tief in die Materie eingetaucht ist. Unter ihm stehen seine Schüler oder Lehrlinge, wie sie in den Mysterien technisch genannt werden, und an diese übergibt er die archetypischen Ideen, ordnungsgemäß formuliert, damit sie auf der Ebene der Materie ausgelebt und so sie im menschlichen Bewusstsein manifestiert werden.

Wenn dies geschehen ist und die archetypische Idee in den Gruppengeist der Rasse eingespeist wurde, indem sie von einem Bewusstsein, das Teil dieses Gruppengeistes ist, verwirklicht und gelebt wurde, wird sie von der Rasse aufgenommen und bildet einen Teil ihres Unterbewusstseins, durchdringt es allmählich, zerstört antagonistische Ideen, und verschmilzt mit Ideen, die ihr gleich gesinnt sind, und verändert dadurch den gesamten Grundton des Gruppengeistes der Rasse. Wir sagen mit Bedacht Rasse, denn das ganze Schema hat mit Rassen zu tun, da es durch Gruppengeister ausgearbeitet wird, und der rassische Faktor kann in keiner Frage der okkulten Arbeit oder Einweihung ignoriert werden. Das bedeutet nicht, dass es notwendigerweise Feindseligkeiten zwischen den Rassen geben muss, aber es wird immer Unterschiede zwischen den Rassen geben, bis die Evolution die Menschheit über die Ebene der Form hinausgebracht hat, und solange diese Unterschiede bestehen, müssen sie im praktischen Okkultismus berücksichtigt werden.

Der Schüler des Adepten wird, wie bereits erwähnt, in der Sprache der Mysterien als „Lehrling" bezeichnet, und dieses Wort drückt seinen Status und seine Beziehung zu seinem Lehrer wahrhaftiger aus als die allgemeinere Bezeichnung „Schüler". Denn der Begriff „Schüler" impliziert jemanden, dessen Haltung gegenüber seinem Lehrer rein rezeptiv ist, der nur zu seinem eigenen Nutzen von einem Lehrer erzogen wird, der keinen anderen Zweck als den der Erziehung zu erfüllen hat; der Begriff „Lehrling" impliziert eine andere Art von Beziehung, denn obwohl der Lehrling tatsächlich unterrichtet wird, lernt er, indem er an der Arbeit seines Meisters teilnimmt und so „Geheimnisse der Handwerkskunst, Kniffe für den wahren Gebrauch des Werkzeugs" aufschnappt.

Er nimmt teil an der Arbeit, die in der Werkstatt seines Meisters vor sich geht; seine Arbeit ist wesentlich für den Arbeitsablauf; er ist weder ein bloßer Zuschauer, noch führt er bestimmte Handlungen nur aus, um manuelle Geschicklichkeit zu erlangen; der Ton, den er bis zur richtigen Konsistenz bearbeitet hat, wird nicht zurück in die Masse geworfen, sondern vom Meister auf die Töpferscheibe gelegt.

In den frühen Stadien seiner Ausbildung verrichtet er die manuellen Aufgaben der Hilfsarbeit für seinen Meister; er wird zum Holzhacken und Wasserschöpfen eingesetzt, und durch diese Dienste bezahlt er seinen Einstieg in die Werkstatt und verdient sich das Recht, sein Handwerk zu erlernen, indem er den gelernten Handwerkern bei ihrer Arbeit zusieht. Lange vor dem Ende seiner Lehrzeit wird er sein Handwerk erlernt haben, aber er muss noch eine Zeit lang seinem Meister dienen, und der Wert dieser unentgeltlichen Arbeit hilft wiederum, seine Ausbildung zu bezahlen, bis schließlich die Zeit gekommen ist und er selbst Meister und ein freier Bürger ist.

Die Erfahrung eines Schülers, der von den Meistern angenommen wird, ist genau die gleiche; er dient ihnen, damit er lernt, und seine Arbeitskraft wird auch bei der tatsächlichen Ausführung der Aufgaben, mit denen sie beschäftigt sind, eingesetzt.

Schon während er die vorläufige Unterweisung erhält, muss er in ihrer Werkstatt des täglichen Lebens dienen, und entsprechend der Art und Weise, wie diese einfachen Pflichten während der Probezeit erfüllt werden, wird die endgültige Entscheidung über Annahme oder Ablehnung getroffen.

Die ganze Zeit, während der Schüler lernt, arbeitet er, und während er arbeitet, lernt er.

Es ist eine der Prüfungen eines wahren Einweihenden, dass er niemals ein Honorar verlangt, sondern den Schüler immer für seine Ausbildung arbeiten lässt — ihn in der traditionellen Weise seine Zeit absitzen lässt.

Wir können uns die Entwicklung der Menschheit auch als eine riesige Armee vorstellen, die sich langsam in einer großen Kolonne entlang ihrer Marschroute abmüht; und weit vor der Hauptstreitmacht erkunden einsame Vorreiter, schnell beritten, leicht bewaffnet und ohne Gepäck, den Weg für den Rest; spirituelle Guerillas, die Paulus als die zur rechten Zeit Geborenen bezeichnete.

Von Zeit zu Zeit werden wir sehen, wie eine leichtfüßige Seele dem großen Heer der Menschheit vorausläuft und allein in die Wildnis vordringt.

Eine Zeit lang ist ihr Weg einsam, aber bald holt sie die weit entfernte Linie der Späher ein, und wenn sie das Passwort geben kann, das sie als einen der ihren ausweist, erhält sie ihren Platz in den Reihen dieser abenteuerlichen Gesellschaft, ein Grenzreiter der Evolution, allein auf Patrouille, aber nicht ohne Kontakt zu den Kameraden, denn es gibt Signalpunkte entlang der Linie, und zu bestimmten Zeiten versammeln sich alle zum Rat.

Es gibt bestimmte Zeiten und Orte, an denen der Rat abgehalten wird, je nach dem Grad, der erreicht wurde. Der höchste Rat der großen weißen Loge wird jenseits der Ebenen der Form abgehalten und ist daher ortlos, aber die planetaren Logen der Strahlen haben ihren Stützpunkt auf der physischen Ebene, sei es im Himalaja, in Mekka, Jerusalem oder seiner englischen Entsprechung; dieser heilige Ort wird als Fokussierungspunkt benutzt, damit diejenigen, die sich noch auf der Ebene der Materie befinden, sich orientieren können.

Diejenigen, die sich auf den Ebenen jenseits der Form befinden, sind in der Lage, bei Bedarf bis in den höheren Astralbereich hinabzusteigen, und diejenigen, die ihr Bewusstsein vom Gehirn befreien und dorthin aufsteigen können, können sie dort treffen, wenn sie gerufen werden.

Manchmal wird die Pilgerreise zum heiligen Ort mit dem physischen Körper, aber häufiger im Astralkörper unternommen; manchmal ist es die bewusste Projektion dieses Körpers durch den geschulten Okkultisten; manchmal wird der Aspirant von seinem Meister dorthin geführt und behält die Erinnerung als Traum; aber in allen Fällen kehrt keiner so zurück, wie er gegangen ist, denn er ist dem großen Licht von Angesicht zu Angesicht begegnet und seine Herrlichkeit bleibt in ihm.

Die Uneingeweihten entweihen bei diesen Gelegenheiten niemals die heiligen Stätten, eine unsichtbare Macht hält sie fern; selbst das Vieh wird weggebracht, und ob es nun ein heidnischer Berg oder ein christlicher See ist, in absoluter Stille beginnen die großen Schwingungen zu pulsieren, bis der Ort wie eine Glocke vibriert.

Eine seltsame Hitze dringt selbst mitten im Winter aus dem Boden empor; das astrale Feuer glüht, bis jedes Objekt von Licht umhüllt ist; der Duft von Weihrauch, aus keinem materiellen Räuchergefäß, liegt schwer in der Luft, und ein Gefühl von unzähligen Präsenzen, Reihe auf Reihe, drängt sich von allen Seiten heran und sie vollziehen das große astrale Ritual, das den Geist mit der Materie verbindet; und zwischen all dem sind die tosenden Kräfte der Natur zu hören wie ein rauschender Fluss, denn auf der Flut der Welt der Form können wir in die Welt der Kraft reisen.

Für den Aspiranten leuchtet die Erinnerung an einen solchen Besuch wie ein Stern in der dunklen Nacht der Seele; wer, nachdem er seine Hand an den Pflug gelegt hat, nicht zurückweicht, wenn die Arbeit in der Dunkelheit beginnt, sondern weiterarbeitet und die Morgendämmerung abwartet, kann plötzlich im Traum dem Meister von Angesicht zu Angesicht begegnen und dann, mit dieser herrlichen Erinnerung, die ihn tröstet, wieder an den Pflug zurückkehren, sodass er mit den Worten eines anderen Hellsehers, der die Gabe des Gesangs hatte, sagen könnte:

„Ja, selbst, wenn du ihm seine Glorie würdest nehmen, Ihn blenden, martern und in Elend und Verzweiflung lassen; Selbst an das Kreuz geheftet, selbst in Qual der Hölle, würd' noch mit matter Stimm' er sprechen: „Ich hab' geschaut!"

Es ist der Suchende, der sich in der Hölle an das erinnert, was ihm auf dem Berg der Erleuchtung gezeigt wurde.

Die okkulten Schulen

Die Ausbildung eines Schülers der okkulten Wissenschaft ist in gut definierte Stufen eingeteilt, unabhängig davon, mit welchem Strahl oder welcher Tradition er arbeitet.

Jede Stufe ist, oder sollte, die Vorbereitung für die nächsthöhere sein, und es wird ernsthafter Schaden angerichtet, wenn Schüler unzureichend vorbereitet von Stufe zu Stufe gehen.

Die Bedingungen, die hier beschrieben werden, dürfen nicht so verstanden werden, dass sie sich auf einen bestimmten Orden oder eine bestimmte Bruderschaft beziehen, sondern sind Verallgemeinerungen und ein Ratschlag zur Vervollkommnung.

Bruderschaften haben ihren Aufstieg und Fall, wie andere Bildungseinrichtungen auch.

Auf der weltlichen Ebene ist es unmöglich, den Begrenzungen der menschlichen Persönlichkeiten zu entkommen.

Ein großer Okkultist wird eine große okkulte Schule gründen, aber nach seinem Tod kann der Mantel auf unwürdige Schultern fallen und der Ruhm verschwindet oder wird korrumpiert.

Der Weg der Einweihung wurde in der westlichen Hemisphäre durch Verfolgung und Materialismus erschwert, aber die Wolken scheinen sich durch den großen Impuls spiritueller Kraft zu heben, von dem alle empfindsamen Seelen wissen, dass er sich gegenwärtig über die Welt ergießt; okkulte Orden und Studiengruppen entstehen an vielen Orten, und es ist gut für den Aspiranten, eine Vorstellung davon zu haben, wie eine okkulte

Schule sein sollte, damit er verstehen kann, ob diejenige, in die er sich einzuschreiben gedenkt, alle Voraussetzungen für eine wahre Einweihung enthält.

Nachdem die Reformation den Menschen die Freiheit gegeben hat, in religiösen Dingen zu spekulieren und jeden nach eigenem Gutdünken zu verehren, entstand eine Vielzahl von Sekten, von denen einige in so winzigen Details von der Orthodoxie abwichen, dass das kleinste Zeichen von Toleranz und Wohlwollen eine Spaltung hätte verhindern können; andere waren so absurd und übertrieben in ihren Lehren und Praktiken, dass sie offensichtlich das Produkt eines gestörten Geistes waren. So ist es auch mit dem modernen Okkultismus: ein sehr geringes Wissen und etwas Erfahrung mit dem Unsichtbaren befähigt einen Menschen, sich als Lehrer des Okkultismus und sogar als Einweihender zu etablieren; diese esoterische Quacksalberei ist vom Geist der großen Schulen der Mysterien so weit entfernt wie die Methoden eines Verkäufers eines Allheilmittels auf dem Markt von denen der wissenschaftlichen Therapeutik.

Die großen Mysterienschulen existieren seit dem Erwachen des Bewusstseins der menschlichen Rasse; sie sind weder Erfindungen der Fantasie, Betrügereien, um die Abergläubigen zu täuschen, noch existieren sie ausschließlich auf den inneren Ebenen. Außerhalb Europas florierten sie seit jeher ungehindert, von den Völkern, die sie leiteten, verehrt und gefürchtet; manchmal versanken sie in finstere Zeiten, wie die entarteten Voodoo-Schulen, manchmal bewahrten sie edle Traditionen, wie in gewissen indischen und chinesischen Schulen, aber immer wurden sie als Teil des Lebens der Rasse akzeptiert, so wie bei uns die Mönchsorden.

In Europa jedoch wurde die Staatsreligion, die eigentlich die Hüterin der Mysterien hätte sein sollen, stattdessen zu deren Verfolgerin.

Dieser unglückliche Zustand kam durch die politische Zweckmäßigkeit zustande, die Männer in hohe Positionen brachte, die keine hohen Grade in den Mysterien besaßen.

Diese Männer waren, so wie es in der menschlichen Natur liegt, abgeneigt, sich ihren Untergebenen im Amt zu beugen, die ihnen an Wissen überlegen waren, und so wurden die esoterischen Lehren, die die innere Schule der Kirche hätten bilden sollen, als Häresien verboten.

Vor der Reformation vernichtete die systematische Verfolgung der Kirche alle Versuche der Gnosis, und nach der Reformation verachteten die fehlgeleiteten Intellektuellen des Zeitalters, die gegen die Lehren einer unaufgeklärten Theologie reagierten, jeden Transzendentalismus als Aberglauben. Okkultes Streben beschränkte sich daher entweder auf die ganz wenigen, die in jedem Zeitalter zu eigenständigem Denken fähig sind, oder auf die ganz Unwissenden, unter denen eine traditionelle Magie den zivilisatorischen Einfluss der Zeit noch überlebte. Letztere brachten die Wissenschaft des Unsichtbaren in einen Misskredit, der ihre würdigeren Schüler dazu zwang, ihr Interesse zu verbergen, und so führte die okkulte Wissenschaft in Europa mehrere Jahrhunderte lang ein gejagtes Leben und entwickelte die Fehler, die eine solche Existenz unweigerlich hervorbringen muss.

Die archetypischen Konzepte blieben jedoch auf den inneren Ebenen erhalten, und wann immer einzelne Menschen in der Lage waren, ihr Bewusstsein dorthin zu erheben, fanden sie heraus, dass die großen inneren Orden im Unsichtbaren noch existierten, obwohl die Verfolgung ihre physischen Formen zerstört hatte.

Es war, als ob der unsterbliche Geist der Mysterien den Tod seines physischen Körpers – des Tempels – überlebt hätte und diejenigen, die in der Lage waren, ihr Bewusstsein auf eine höhere Ebene zu heben, mit den toten Orden kommunizieren konnten. Während des letzten halben Jahrhunderts wurden unzählige Versuche unternommen, die Seele der Mysterien zur Reinkarnation zu veranlassen, und diese Versuche waren von unterschiedlichem Erfolg gekrönt.

Aus vielen vergeblichen Versuchen formt sich allmählich wieder eine Tradition; das schwelende Feuer des okkulten Wissens ist zu einer Flamme entfacht worden, und die Götter haben sich den Menschen wieder genähert.

Während des dunklen Zeitalters des europäischen Okkultismus war jede Form von Logenarbeit fast unmöglich, denn das Zusammenkommen einer Anzahl von Personen war schwer zu verbergen und erregte Verdacht. Das Lehrlingssystem der Ausbildung wurde daher von den wenigen europäischen Eingeweihten genutzt, die den Funken am Leben hielten. Sie nahmen einzelne Schüler in ihre Laboratorien auf, so wie ein Handwerksmeister in seine Werkstatt; und diese Schüler zerstreuten sich nach dem Tod des Adepten gewöhnlich entweder, um weitere Unterweisung zu suchen, oder sie nahmen ihrerseits Schüler auf, wenn sie ausreichend fortgeschritten waren.

Die Nachteile dieses Systems sind leicht zu erkennen; wie alle unbeaufsichtigten Lehren neigte es zu Trägheit und Degeneration, und aus diesem Grund besitzt die westliche esoterische Tradition auf der physischen Ebene keine große Literatur wie die östliche Tradition.

Nichtsdestotrotz, wie jeder Student des Themas weiß, befindet sich der wichtigste Teil eines Ordens auf den inneren Ebenen, und diese inneren Orden blieben durch die Zeitalter hindurch intakt, indem sie die seltenen Eingeweihten aufnahmen, die in der Lage waren, ihren Weg zu ihnen durch reine Intuition zu finden, und indem sie ihre Zeit abwarteten, bis die

Menschen wieder frei waren, um den Tempel zu bauen, der das Heiligtum enthalten sollte.

Wenn ein Tempel auf diese Weise gebaut und der Altar nach bestem Wissen und Gewissen ausgerichtet wurde, ist es notwendig, das heilige Feuer zu entzünden. Dies kann nur geschehen, indem man eine glühende Kohle von einem anderen Altar holt, es sei denn, der Hohepriester gehört dem Orden des Prometheus an — und davon gibt es nicht viele. Oder, um eine andere Metapher zu nutzen, die apostolische Sukzession entspricht dem Wesen der Einweihung, weil der Lehrer in der Seele seines Schülers eine bestimmte Art von Aktivität hervorrufen muss, und wenn er nicht selbst auf diese Weise arbeitet, kann er das nicht tun.

Er muss dem bisher schlummernden höheren Bewusstsein seines Schülers den nötigen Impuls geben, damit es allmählich zu funktionieren beginnt. Dies geschieht durch den Prozess der sogenannten sympathischen Induktion von Schwingungen.

Wenn ein Klavier und eine Harfe nebeneinanderstehen und ein bestimmter Ton auf dem Klavier angeschlagen wird, erklingt der entsprechende Ton auf der Harfe, weil die Luftschwingungen, die von der vibrierenden Klaviersaite ausgehen, auf die Harfensaiten treffen und diejenige in Bewegung setzen, die in diesem Ton schwingen können. So ist es auch mit dem Einweihenden und seinem Schüler.

Die Aktivität des höheren Selbst des Einweihenden stimuliert das des Schülers.

Dies ist der wichtigste Teil einer okkulten Ausbildung.

Die Theorie des Okkultismus kann aus Büchern gelernt werden, die jetzt für die Allgemeinheit erhältlich sind, aber nur von einem aktiven Okkultisten kann ein Schüler die geistige Impfung erhalten, die in seinen Adern wirken soll.

Nur sehr wenige Seelen waren jemals in der Lage, durch den Heiligen Geist zu empfangen, und das Studium von Büchern über Embryologie wird sie dabei ihrem Ziel nicht viel näher bringen.

Die Priester des Ordens des Prometheus sind jene Lichtträger, die die neuen Grade in den Mysterien einführen, wenn der Fortschritt der Evolution den Menschen in die Lage versetzt, weitere Lehren zu empfangen. Sie sind die Ersten, die den Grad verleihen, mit dem bisher auf der Erde noch nicht gearbeitet wurde. Man sollte jedoch nicht denken, dass ein Mensch, der mit einer neuen Lehre auftritt, notwendigerweise ein Priester des Ordens des Prometheus ist. Der Orden des Prometheus ist der nächsthöhere Grad nach dem Orden des Melchisedek, und diese Grade werden nicht den einfachen und unwissenden Menschen verliehen, wie die mystischen Grade beim „Inneren Licht", wie sie die Quäker kennen, sondern sie stehen für die höheren geistigen Errungenschaften eines Eingeweihten.

Es wird daran erinnert, dass Moses als Säugling in den Palast der Pharaonen gebracht wurde und dass der Herr Jesus als kleines Kind nach Ägypten gebracht wurde.

Die Bedeutung dieser Worte wird für den Studenten der esoterischen Wissenschaft nicht betont werden müssen.

Man sollte sich vor einem autodidaktischen Okkultisten hüten; er ist genauso unzuverlässig wie ein autodidaktischer Heiler.

Der apostolischen Sukzession oder der Herleitung aus einer echten Tradition wird großes Gewicht beigemessen; ohne sie ist keine okkulte Arbeit möglich, im Unterschied zur mystischen Entwicklung.

Es mag sein, dass die Kohle, die auf den neu geweihten Altar gebracht wird, äußerlich gesehen eine tote Schlacke ist, aber wenn es den kleinsten Funken Feuer im Inneren gibt, kann sie zu einer Flamme entfacht werden, und dann wird eine vernünftige Zugabe von Brennstoff es dem wahren Altarfeuer ermöglichen, aufzuflammen und Einweihungen durch sein Licht und seine Hitze zu vollziehen. Für das Altarfeuer sind zwei Dinge notwendig: die lebendige Kohle und ein Vorrat an Brennstoff; auch wenn die apostolische Sukzession aus einer echten Tradition stammt, kann das Feuer ohne okkultes Wissen und ohne die richtige Ausrichtung des Tempels nicht zum Lodern gebracht werden; und selbst nachdem es ordnungsgemäß angezündet und aufgebaut wurde, kann es durch Mangel an Brennstoff oder erstickende Asche erlöschen. Nicht jeder, der "Herr, Herr" schreit, ist von unserem Vater gerufen.

Eine okkulte Schule kann nur von einem Eingeweihten einer der großen Traditionen gegründet werden. Man wird sich daran erinnern, dass Paracelsus in den Nahen Osten reiste, bevor er okkulte Kräfte erhielt; man wird sich auch daran erinnern, dass Mme. Blavatsky nach Tibet ging, bevor sie eine esoterische Schule gründen konnte.

Der Grund dafür, dass die kleinen Mysterien in Europa die Terminologie des Baugewerbes verwenden, liegt darin, dass die notwendigen Kontakte für die Grade in den entwerteten Ritualen gefunden wurden, die die mittelalterliche Bauzunft beim Legen des Grundsteins durchführte, um das Glück anzuziehen. Diese Rituale stammten aus der Zeit, als die Tempel der Mysterien als große Symbole und System der Entsprechungen entworfen wurden, und die Männer, die diese Arbeit erledigten, mussten daher in bestimmte niedere Grade eingeweiht werden, damit sie ihre Aufgaben angemessen erfüllen konnten. Nur eingeweihte Handwerker durften diese symbolischen Tempel bauen, so wie nur eingeweihte Freimaurer ihre Tempel betreuen dürfen, und so gehörte eine elementare Kenntnis der Mysterien ebenso zur Ausbildung der besten Baumeister, wie eine elementare Kenntnis der Mechanik.

Als der Tempelbau dem Kirchenbau Platz machte, überlebte diese Tradition noch lange.

Die Baumeister beharrten darauf, ihre Bauwerke von Osten nach Westen auszurichten und eine Fülle antiker Symbolik einzuarbeiten, in denen ihre neuen Auftraggeber nicht als etwas anderes als Ornament erkennen konnten.

Nicht, dass die ausführenden Maurer irgendwelche derartigen esoterischen Pläne hatten, wie sie ihnen von fantasievollen Schriftstellern zugeschrieben werden, denn sie waren selten Eingeweihte der größeren Mysterien, aber sie waren im Besitz von Bestandsmustern und hatten selbst keine originellen Ideen. Und so sind viele Symbole alter Glaubensrichtungen in unseren christlichen Gebäuden erhalten geblieben, lange nachdem jeder Rest des Wissens der Männer, die sie geschaffen hatten, verloren gegangen war.

Die alten Rituale wurden als abergläubische Glücksbringer beibehalten, nach der Art der Kinder, die regelmäßig beten: „Lead us not into Thames Station", (anstatt „lead us not in temptation", auf deutsch „führe uns nicht in Versuchung"), aber als wissende Menschen im Jahr 1717 lebendiges Feuer für ihren neu errichteten Altar brauchten, entdeckten sie, dass die alten Rituale ein paar glühende Kohlen unter all ihrer Asche enthielten, und bedienten sich ihrer.

Orden, Bruderschaften, Gruppen

Es gibt zwei Wege zum Innersten: den Weg des Mystikers, der der Weg der Hingabe und Meditation ist, ein einsamer und subjektiver Weg; und den Weg des Okkultisten, der der Weg des Intellekts, der Konzentration und des geschulten Willens ist; auf diesem Weg ist die Zusammenarbeit von Weggefährten erforderlich, erstens für den Austausch von Wissen, und zweitens, weil rituelle Magie eine wichtige Rolle in dieser Arbeit spielt, und dafür ist bei den meisten größeren Operationen die Hilfe von mehreren Personen nötig.

Der Mystiker erlangt sein Wissen durch die direkte Kommunikation seines höheren Selbst mit den höheren Mächten; für ihn ist die Weisheit des Okkultisten eine Torheit, denn sein Verstand arbeitet nicht auf diese Art und Weise; aber andererseits ist für einen eher intellektuellen und extrovertierten Typus die Methode des Mystikers so lange unmöglich, bis eine lange Schulung ihn befähigt hat, die Ebenen der Form zu überschreiten. Wir müssen daher diese beiden unterschiedlichen Typen unter denen, die den Weg der Einweihung suchen, erkennen und uns daran erinnern, dass es für jeden einen Weg gibt.

Der Okkultist geht auf einem gut markierten Weg, der seit Urzeiten von unzähligen Füßen betreten wurde. Sobald er eine bestimmte Stufe der inneren Entwicklung erreicht hat, stehen ihm die Mysterienschulen seiner Rasse offen, und zu diesen findet er seinen Weg durch eine Methode, die in einem späteren Kapitel ausführlich beschrieben wird. Der Ursprung dieser Mysterienschulen und die Quelle ihres Wissens wurden in einem früheren Kapitel beschrieben, und auf diesen Seiten werden wir uns der Aufgabe widmen, etwas über ihre allgemeine Disziplin und Organisation zu erklären, wobei der Leser erneut daran erinnert wird, dass diese Beschreibungen nicht als Bezugnahme auf eine bestimmte Schule, sondern als Verallgemeinerung verstanden werden sollten.

Die esoterische Wissenschaft beginnt dort, wo die exoterische Wissenschaft endet. Letztere leitet ihr Wissen aus der Beobachtung von Phänomenen ab, erstere arbeitet mit intuitiven Methoden. Es wäre äußerst wünschenswert, dass alles Wissen von jener exakten Art wäre, die nur Beobachtung und Experiment hervorbringen können, aber die orthodoxe wissenschaftliche Methode ist ein langsamer Prozess, und in der Zwischenzeit musste der Mensch sein Leben leben und mit seiner Umwelt zurechtkommen, und deshalb bediente er sich, um sich selbst zu verstehen und seine Probleme zu lösen, jeder Fähigkeit des Verstandes, einschließlich der Fähigkeit der Intuition oder des unbewussten Denkens und auch der Fähigkeit der direkten Erkenntnis.

Die Einzelheiten dieser beiden Methoden der mentalen Abläufe sind zu langwierig, um jetzt darauf einzugehen, und gehören eigentlich zum Gegenstand der esoterischen Psychologie.

Man kann sich die exoterische Wissenschaft als das Errichten einer edlen und dauerhaften Kuppel aus Stein vorstellen und die esoterische Wissenschaft als das Holzgerüst, das die unfertigen Mauern an Ort und Stelle hält, bis der Schlussstein schließlich in seine Position fällt. Mit jeder neuen Schicht Mauerwerk kann Holz entfernt werden, weil es nicht mehr gebraucht wird; und mit jeder neuen Entdeckung, die den Bereich der exakten wissenschaftlichen Erkenntnis erweitert, zieht sich die esoterische Wissenschaft weiter ins Unsichtbare zurück, erfüllt aber immer noch ihren Zweck als vorübergehender Rahmen, der es dem menschlichen Verstand ermöglicht, zu arbeiten und das Leben in einer zielgerichteten Weise weiterzuführen.

Es ist das „x", die unbekannte Größe unserer weltlichen Algebra, die es ermöglicht, die Berechnung auszuführen; aber das Problem kann nicht als endgültig gelöst angesehen werden, bis „x" selbst auf eine numerische Größe reduziert wird und aufhört, unbekannt zu sein.

So ist es auch mit der esoterischen Wissenschaft; der Tag wird schließlich kommen, an dem die steigende Flut des menschlichen Bewusstseins, die mit der Evolution voranschreitet, den ganzen Sand der Wüste bedecken wird, und es wird keine esoterische Wissenschaft mehr geben, weil alles exoterisch geworden ist. Aber dieser Tag ist noch nicht da, selbst der Schein seiner Morgendämmerung vom höchsten Gipfel der Hoffnung aus ist nicht sichtbar, und wir müssen uns daher damit begnügen, mit „x", unserer unbekannten Größe zu arbeiten, und zwar mittels mentaler Prozesse, die im Labor des Wissenschaftlers nicht anwendbar sind.

Die großen esoterischen Orden sind im Besitz detaillierter Kosmogonien, die die unsichtbaren Welten betreffen, welche das Wenige an Manifestation erzeugen, das von den fünf physischen Sinnen wahrgenommen wird, und so wie das Teleskop und das Mikroskop dem Menschen ganze Universen neuen Lebens eröffneten, die ausschließlich mit den Sinnen nicht wahrnehmbar waren, so enthüllen bestimmte wenig bekannte Kräfte des Verstandes, wenn diese entwickelt werden, Ebene für Ebene der Realität, die der Durchschnittsmensch nicht vermutet.

Die esoterischen Schulen lehren den Gebrauch dieser Kräfte, weil sie für den Okkultisten das sind, was das Mikroskop für den Biologen ist, und durch ihren Gebrauch ist er in der Lage, sich mit jenen Zuständen des Seins vertraut zu machen, die sich dem menschlichen Verstand in seinem gegenwärtigen Entwicklungsstadium entziehen.

Der Student wird aber nicht mit diesen Kräften ausgestattet und ins Unbekannte hinausgeschickt, um so gut er kann zu experimentieren, wie der Forscher in der Naturwissenschaft, sondern er wird angewiesen, seine neu erweckten Fähigkeiten zu nutzen, um sich aus erster Hand mit einer Kosmogonie vertraut zu machen, die ihm in der Theorie bereits wohlbekannt ist.

Der Unterschied zwischen diesen beiden Methoden ist der Unterschied zwischen der Fahrt des Kolumbus nach Amerika und der Fahrt eines modernen Linienschiffes; der Kapitän des letzteren hat seine Seekarten und Navigationsinstrumente und kann jederzeit genau sagen, wo er sich befindet, und jeden Ort auf der langen Linie der atlantischen Küste bei Nacht oder bei Tag anlaufen, ohne im Dunkeln tappen zu müssen; wohingegen Kolumbus völlig vom Glück abhängig war, um an Land zu gehen, und nur die Tatsache, dass es für ihn physisch unmöglich war, an Amerika vorbeizufahren, ohne es zu sehen, hinderte ihn daran, dies zu tun. Wenn man sich daran erinnert, dass Kolumbus eigentlich versuchte, nach Indien zu gelangen, und glaubte, dies geschafft zu haben, wird man erkennen, dass der Standpunkt der Naturwissenschaft vielleicht nicht ganz so zufriedenstellend ist, wie manchmal angenommen wird. Sie hat zwar viel Land gefunden, aber ist dieses Land auch das Indien, für das sie es hielt?

Es ist der Besitz von Karte und Kompass, der den Eingeweihten eines wahren okkulten Ordens von einem natürlichen Hellseher unterscheidet, der sich im Unsichtbaren anhand von Faustregeln vorantastet. Die Karte ist eine Kosmogonie und ein System von Entsprechungen, das den Schüler befähigt, seinen Weg in den Ebenen des Unsichtbaren zu finden; mit dieser Karte findet er die Straßen; ohne sie muss er sich querfeldein durchschlagen, so gut er kann. Ein System von Entsprechungen besteht aus einer Reihe von Symbolen, die der konkrete Verstand wahrnehmen kann, sowie dem Wissen um die Assoziationsketten, die sie miteinander verbinden. Dieses Wissen ist absolut wesentlich für jede okkulte Entwicklung und für jede der großen Bereiche, in die die Menschheit auf der Erdoberfläche eingeteilt ist, anders, weil die Bedingungen jeder Lokalität anders sind und die astralen und weltlichen Aspekte des Systems an sie angepasst werden müssen, obwohl die höheren Aspekte universal sind.

Zum Beispiel werden viele okkulte Operationen am besten zu einer bestimmten Zeit durchgeführt und die Zeit ist an verschiedenen Längengraden unterschiedlich; daher müsste die Operation, die zu einer bestimmten Stunde in London durchgeführt werden sollte, in New York fünf Stunden später durchgeführt werden; denn sie darf nicht von der Sonnenzeit abhängen, sondern von der siderischen Zeit, und die ist für den ganzen Globus konstant; und der Unterschied der Sonnenzeit zwischen einem Ort und einem anderen muss berücksichtigt werden. Ebenso müssen bei allen Prozessen, die mit magnetischen Strömungen und Gezeiten zu tun haben, diese für den Ort, an dem der Vorgang stattfinden soll, berechnet werden und können nicht willkürlich durchgeführt werden. All diese Überlegungen werden zeigen, dass praktischer Okkultismus keine Sache ist, die von Uneingeweihten aus Büchern gelernt werden kann.

Ein Orden kennt die Methoden der Bewusstseinsbildung und -entwicklung, die für das Land und die Rasse, zu der er gehört, am besten geeignet sind, und ohne eine solche Anleitung hat ein Student der Geheimwissenschaft einen gravierenden Nachteil.

Um die Karte nutzen zu können, ist es jedoch notwendig, Navigationsinstrumente zu besitzen und ihren Gebrauch zu verstehen, da man sonst zwar weiß, wo Amerika liegt, aber nicht, wo man sich selbst in Bezug dazu befindet. Die Instrumente des Okkultisten sind bestimmte, wenig bekannte Fähigkeiten des Verstandes, die durch bestimmte Verfahren trainiert und entwickelt werden. Auf diesen Seiten kann nicht viel über die Arbeit der großen Mysterien gesagt werden, die von den Orden durchgeführt wird, aber es wurde genug gesagt, um deutlich zu machen, dass sie die geheime Kosmogonie besitzen und die Methoden zur Schulung des höheren Bewusstseins verstehen.

Bevor jedoch eine solche Schulung vorgenommen werden kann, ist es notwendig, dass das niedere Bewusstsein und der Charakter eine gründliche Reinigung und Disziplinierung erhalten, sodass ein tiefes und sicheres Fundament gelegt wird, das sich nicht verschiebt oder nachgibt, wenn der große Überbau des okkulten Wissens durch das Wirken des höheren Verstandes auf ihm errichtet wird.

Wenn dies nicht geschieht, ist es sehr wahrscheinlich, dass eine Katastrophe eintritt; man könnte sogar sagen, dass sie mit Sicherheit eintreten wird.

Viele Seelen haben natürlich in früheren Leben eine Einweihung erhalten und rekapitulieren daher schnell ihr altes Wissen, wenn sie wieder mit den Mysterien in Berührung kommen, aber selbst für diese ist es gut, ihre vergangenen Erinnerungen aufzufrischen und sicher zu sein, dass sie sie in ihrer Gesamtheit ins Wachbewusstsein gebracht haben, bevor sie die gefährliche Aufgabe der okkulten Entwicklung in Angriff nehmen; aber für die Seele, die zum ersten Mal den Pfad betritt, ist eine solche vorbereitende Schulung absolut notwendig.

Ein sehr großer Teil der Katastrophen, die sich bei der Ausübung des praktischen Okkultismus ereignen, ist auf die Vernachlässigung der vorbereitenden Ausbildung zurückzuführen, sodass das Fundament den Überbau nicht tragen konnte.

Eine okkulte Schule ist eine Turnhalle des Verstandes, und wenn ein Schüler versucht, bestimmte Kunststücke auszuführen, wenn er untrainiert oder nicht in Form ist, kann es zu einem schweren Unfall kommen und er kann lebenslang verkrüppelt bleiben, während er, wenn er richtig trainiert ist, das gleiche Kunststück mit vollkommener Sicherheit ausführen kann.

Die Übungen, die das höhere Bewusstsein entwickeln, müssen genauso sorgfältig abgestuft werden wie die, die den Körper trainieren, und Unwissenheit oder ein fehlerhaftes System bringen in der Loge genauso schlechte Ergebnisse wie in der Turnhalle. Es ist eine Maxime unter Sportlern, dass kein Mensch sich selbst trainieren kann, und das gilt genauso für Okkultisten, wie viele abenteuerlustige Studenten zu ihrem Nachteil erfahren haben.

Okkultismus ist ein großes Abenteuer und nicht ohne Risiken, obwohl diese Risiken unter den richtigen Bedingungen so beschaffen sind, dass ein tapferer Mensch sie als gerechtfertigt akzeptieren kann. In dieser Hinsicht ist es wie das Bergsteigen; es gibt immer ein gewisses Element der Gefahr, und dieses Element kann unerwartet ernste Ausmaße annehmen, die niemand vorhersehen kann; aber mit guten Führern, guten Seilen und einem ruhigen Kopf gibt es keinen Grund, warum ein Mensch sich nicht an die Höhen gewöhnen sollte, indem er die leichteren Anstiege versucht, und schließlich in der Lage ist, die klassischen Gipfel des Bergsteigens zu bezwingen. Aber der Mensch, der direkt aus einem Londoner Büro kommt und ohne Führer, Karten, Seile oder irgendetwas anderem als einem veralteten Reiseführer losgeht, um das Matterhorn zu besteigen, würde entweder nicht weiter als bis zum nächsten Dorf kommen oder ein vorzeitiges Ende finden.

Die vorbereitende Ausbildung, die den Menschen in die Lage versetzt, die Gipfel der okkulten Wissenschaft zu erreichen, muss in jenem Abschnitt der Mysterien gegeben werden, der „Bruderschaften“ genannt wird. Es ist die Aufgabe der Bruderschaften, die Persönlichkeit des Schülers vorzubereiten und dabei diejenigen auszusondern, die für die Höhen in der gegenwärtigen Inkarnation ungeeignet sind.

Niemand braucht sich zu schämen, wenn er nach dem Eintritt in eine Bruderschaft nicht mehr weiterkommt. Wir alle müssen mehrere Inkarnationen damit verbringen, in den kleinen Mysterien zu arbeiten, bevor wir für die großen Mysterien bereit sind, und selbst wenn es jemandem gelungen ist, den Fuß auf die erste Sprosse der Leiter zu setzen, und der Weg vor ihm offen ist, darf man nicht denken, dass die Spitze der Leiter in einer Inkarnation erreicht werden kann.

Diejenigen, die phänomenal schnell vorankommen, rekapitulieren das, was sie in früheren Leben getan haben, und diejenigen, die langsam vorankommen, beschäftigen sich zum ersten Mal mit den Mysterien; es gibt nichts, wofür man sich bei diesem langsamen Fortschritt schämen müsste, wenn man ehrlich sein Bestes gibt, und die Zeit ist nicht vergeudet, sondern wesentlich für die Ausbildung; aber man muss sich sehr davor hüten, zu versuchen, mit dem Tempo zu reisen, das nur bei einer Rekapitulation möglich ist, oder es wird zu einer Katastrophe kommen.

In einer Bruderschaft wird die Bildung des Charakters besonders betont, und die großen Lektionen der Brüderlichkeit und des selbstlosen Dienens müssen gelernt werden.

Der bewusste Verstand muss auch für seine Verschmelzung mit dem Überbewusstsein vorbereitet werden, und zu diesem Zweck muss er mit der allgemeinen Theorie der okkulten Wissenschaft ausgestattet werden.

In den kleinen Mysterien trainiert der Aspirant also seinen Charakter, wie ein Athlet seinen Körper trainiert, damit er gestärkt wird, um die harte Prüfung der Höhen zu bestehen, zu deren Aufstieg ihn die großen Mysterien befähigen werden. Er versucht auch, seinen Verstand vorbereiten, damit er die Lehre, die ihm vermittelt wird, wenn er in die größeren Mysterien eintritt, vollständig verstehen kann.

Vieles von dem, was in den kleinen Mysterien gelehrt wird, ist heute nicht mehr geheim, sondern in vielen modernen Publikationen verfügbar; dennoch müssen ihre Konzepte gründlich verstanden werden, bevor der Schüler ein geeigneter Kandidat für die großen Mysterien ist, in denen ihre wahre Bedeutung enthüllt wird. Der hauptsächliche Wert der kleinen Mysterien liegt jedoch in der Charakterschulung, und in der Tatsache, dass das Mitglied einer Bruderschaft unter dem Einfluss des einen oder anderen der großen Orden steht; denn um eine gültige Ausbildung geben zu können, muss eine Bruderschaft das Pendant einer der großen Einweihungstraditionen sein, und wenn nicht ein Eingeweihter der großen Mysterien den Osten innehat, werden ihre Zeremonien ungültig sein.

Schließlich kommen wir zur Betrachtung der Funktion der Gruppe oder Gesellschaft beim Studium der Heiligen Wissenschaft. Derzeit gibt es unzählige solcher Gruppen und sie können entweder eine offene Tür darstellen oder eine Falle und eine Täuschung sein, oder sogar etwas Schlimmeres. Die Methoden zur Unterscheidung zwischen den Würdigen und den Unwürdigen werden in einem späteren Kapitel ausführlich beschrieben.

Eine Gruppe oder Gesellschaft ist nicht mehr als ein Studienkreis, wenn ihr Leiter nicht ein Eingeweihter der Mysterien ist, denn eine Gruppe sollte das Pendant einer Bruderschaft sein, so wie eine Bruderschaft das Pendant eines Ordens ist. Eingeweihten der Mysterien, die einen bestimmten Grad erreicht haben, ist es erlaubt, offen in der Welt zu arbeiten und die Grundlagen der okkulten Wissenschaft allen zu lehren, die zuhören wollen, aber nicht mehr als die Grundlagen können so frei herausgegeben werden aus Gründen, die bereits betrachtet wurden.

Ein solcher Lehrer oder Autor tut kaum mehr, als als Wegweiser zu fungieren; er sagt seinen Studenten: „Wenn ihr der von mir angegebenen Linie der Vorbereitung folgt, werdet ihr euch für eine okkulte Ausbildung qualifizieren können."

Dies ist auch alles, was die Gesellschaften in ihren öffentlichen Vorträgen tun können, aber es versteht sich von selbst, dass es eine absolut notwendige Aufgabe ist und von jemandem getan werden muss, und die Eingeweihten der Mysterien sind aufgefordert, ihre Zeit in diese Arbeit zu investieren.

Wenn der Leiter einer Gruppe oder der Präsident einer Gesellschaft tatsächlich ein Eingeweihter der Mysterien ist, wird er seine Schüler an eine innere Schule weiterleiten, wo sie eine weitere Ausbildung erhalten, und so wird er in der Lage sein, sie auf den Weg zu bringen; aber wenn er nicht selbst ein Eingeweihter ist, der mit einem der großen Systeme in Verbindung steht, wird er seinen Schülern nichts zu bieten haben, außer den Ressourcen seines eigenen Intellekts, und das ist ein Brunnen, den die Fortgeschritteneren unter ihnen bald leer trinken werden.

Die Gruppen und Gesellschaften sollten als Vorposten der Mysterien betrachtet werden, und es ist das Ziel eines jeden wahren Lehrers, seine Schüler so schnell wie möglich durch seine Hände gehen zu lassen und sie in den Orden weiterzuschicken, in dem er selbst seine Ausbildung erhalten hat.

Je schneller er sie auf den Entwicklungsstand bringen kann, der für die Aufnahme in die Mysterien erforderlich ist, desto größer ist seine Fähigkeit als Lehrer.

Ein Mensch, der Eingeweihter einer der großen Mysterienschulen ist, fürchtet sich nie davor, seine Schüler über sich hinauswachsen zu lassen, weil er weiß, dass es ihm bei seinen Übergeordneten zugutekommt, wenn er ihnen ständig verdienstvolle Aspiranten schicken kann. Er versucht daher nie, einen vielversprechenden Schüler zurückzuhalten, denn er braucht nicht zu befürchten, dass dieser, wenn er in die Mysterien vordringen darf, „ausspionieren wird, wo das Land eine schwache Stelle hat"; er wird vielmehr einen Bericht von seinem übergroßen Reichtum zurückbringen und dadurch die Aussagen seines Lehrers bestätigen und seine Mitschüler zu noch größerem Eifer anspornen.

Man sollte niemals einem Okkultisten trauen, der sagt, dass er das Oberhaupt einer Tradition ist, denn wenn er es wäre, würde er erstens diese Tatsache den Uneingeweihten nicht mitteilen, und zweitens würde er aller Wahrscheinlichkeit nach in großer Abgeschiedenheit leben und für alle außer seinen unmittelbaren Untergebenen unzugänglich sein. Wenn ein Mann ein großer Künstler ist, braucht er uns das nicht mitzuteilen; wir werden ihn an seinen Bildern erkennen, die in den Galerien der Nation hängen, und wir werden außerdem feststellen, dass er sich vor zufälligen Bekanntschaften hütet, da sie zu viel seiner Zeit in Anspruch nehmen könnten.

Je bedeutender eine Person ist, desto schwieriger ist es, sich ihr zu nähern, nicht aus einer Haltung des Stolzes und der Exklusivität heraus, sondern weil so viele Menschen sie sehen wollen, dass eine sehr strenge Auswahl unter denjenigen getroffen werden muss, die zugelassen werden können.

So ist es auch mit dem Okkultisten, die Großen sind nicht leicht zu finden, und die, die zugänglich sind, gehören entweder zu den Kleineren oder sind Führer, die den Suchenden in die Mysterienschule bringen, wo sie selbst ihre Ausbildung erhalten haben. Der echte Okkultist denkt sich die Geheimnisse nicht aus, sondern erhält sie als eine große und heilige Verantwortung, die ihm von Menschen gegeben wird, die sie selbst von ihren Vorgängern erhalten haben; und so wird die Fackel des okkulten Wissens über die Generationen hinweg weitergegeben.

Dies ist also die Organisation der okkulten Schulen, zuerst die Gruppen, die sich um die Eingeweihten der kleinen Mysterien versammeln; dann die Bruderschaft, die ein Pendant zu den großen Mysterien ist; und schließlich die großen Mysterien, der Orden selbst, in dem die eigentliche okkulte Arbeit beginnt.

Es ist diese Leiter, die der Aspirant zum Licht hinaufsteigt, und sein Fortschritt hängt von niemandem außer ihm selbst ab, denn selbst der Orden auf dieser Erde ist nur das Tor, das in das Unsichtbare führt; es ist der große Einweihende allein, von dem er seine Einweihung erhalten kann, und diese Einweihung wird nicht im Fleisch oder durch das Fleisch gegeben.

Gruppen, Orden und Bruderschaften arbeiten mit Symbolen, und dadurch sieht er „wie durch einen Spiegel ein dunkles Bild"; aber es ist ihre Funktion, ihm zu helfen, ein Überbewusstsein zu entwickeln, und wenn er es erreicht hat, „wird er von Angesicht zu Angesicht sehen und erkennen, wie er erkannt worden ist."

Es muss nochmals betont werden, dass das Studium des Okkultismus nur ein Mittel zum Zweck ist, und dieser Zweck ist der Weg der göttlichen Vereinigung.

Es gibt einige, die diese Reise direkt antreten können, aber andere müssen stufenweise durch die Ebenen der Formen gehen, von denen die mentale Ebene nicht die leichteste ist, und für sie muss der Verstand geschult, erhoben und gelehrt werden, auf neue Weise zu funktionieren, die der spirituellen Wirklichkeit näherkommt.

Man darf nie vergessen, dass Formen das Licht verdunkeln und wir sie nur an dem Schatten erkennen können, den sie auf die unteren Ebenen werfen. Der Aspirant sollte die Symbole des

Okkultismus benutzen, um sein Bewusstsein zu schulen und zu entfalten, und er sollte versuchen, sie vollständig aufzugeben, sobald das reine Bewusstsein in ihm zu erwachen beginnt.

Der Gebrauch und die Macht der Rituale

Das innere Licht allein kann einen Menschen zum großen Licht bringen; aber das ist eine Höchstleistung, und um eine solche Erfahrung mit dem normalen Bewusstsein in Einklang zu bringen, damit sie nicht wie ein Blitz vorbeizieht, ist es notwendig, das Bewusstsein für ihren Empfang vorzubereiten. Wenn man sich daran erinnert, dass jedes Objekt auf der Ebene der physischen Form die Substanz aus jeder der anderen sechs Manifestationsebenen[1] in sich trägt und jeder Aspekt der Substanz nach den Gesetzen und Typen seiner eigenen Ebene in eine Form gebracht wird, wird man verstehen, dass jedes materielle Objekt Analogien auf jeder Ebene des manifestierten Universums hat. Durch die Verwendung dieser Analogien werden die Systeme der Symbolik aufgebaut.

Wenn diejenigen, die das göttliche Licht in einem seiner Aspekte kennen, einem Neophyten helfen wollen, eine bewusste Erkenntnis der Natur dieses Lichts zu erlangen, müssen sie ihn mit einer Kette von miteinander verbundenen Ideen versorgen, einer wahren Jakobsleiter, die durch die Ebenen hinaufführt und auf jeder von ihnen eine genaue Entsprechung aufweist. Nicht jeder Gegenstand, der willkürlich nach oberflächlicher Ähnlichkeit mit der Sache, die er symbolisieren soll, ausgewählt werden kann, ist auch dazu in der Lage; und nur diejenigen, die das Bewusstsein Ebene für Ebene anheben können, sind fähig, ein

1) Die Theosophie spricht über 7 Ebenen der Manifestation:
a) Physische; b) Astrale; c) Mentale; d) Intuitive; e) Spirituelle; f) Monadische; g) Göttliche (Anm. d.Übers.)

System der Symbolik auszuarbeiten, und von solchen sind diejenigen, die alle sieben Ebenen erreichen können, sehr selten; deshalb begnügen sich Einweihende von niedrigerem Rang damit, sich auf die Symbolik der Manus ihrer Rasse zu verlassen, auch wenn sie selbst nicht in der Lage sind, deren höhere Aspekte zu interpretieren, weil sie wissen, dass ihr Schüler, wenn er die Ebene erreicht hat, auf der er berechtigt ist, irgendeinen Grad der Einweihung zu erhalten, in der Lage sein wird diese Interpretation selbst vorzunehmen, nachdem ihm einmal das weltliche Symbol gezeigt wurde.

Es ist daher von großem Wert, Zugang zu den alten Ritualen zu haben, die die Großen der Vergangenheit entworfen haben: Manu, Erlöser und Meister, die jeder in ihrem Grad arbeiten.

Jedes Objekt in einer Loge sollte eine symbolische Darstellung der verschiedenen Aspekte der Kraft sein, die auf der Ebene wirken, auf die es das Bewusstsein des Kandidaten anheben soll. Es sollte nichts weggelassen und nichts Fremdes hinzugefügt werden. Die Schaffung eines Bildes des Symbols im Bewusstsein bildet einen Berührungspunkt mit der Kraft, die es darstellen soll. Form, Farbe, Bewegung, Klang und Räucherwerk appellieren an die Tore der physischen Sinne, von denen jeder eine Entsprechung der subtilen Sinne ist, und so wird das symbolische Bild aufgebaut. Und sofern die Bedingungen stimmen, wird dieses Bild vom subtilen Körper, auf den es wirken soll, in Erfahrung umgesetzt.

Man sagt mit Recht, dass in der exoterischen Kirche die Zeremonie von einer Person zum Nutzen der Gemeinde durchgeführt wird; aber in der Loge wird die Zeremonie von der Gemeinde zum Nutzen einer Person durchgeführt. Der Kandidat ist der Hauptdarsteller in einem Mysterienspiel, in dem er in symbolischer Weise bestimmte Erfahrungen der Seele auf ihrem Weg von der Dunkelheit zum Licht durchläuft. Damit sollen Erfahrungen ins Gedächtnis zurückgerufen werden, die die Seele im Überbewusstsein durchlaufen hat, und wenn der Einweihende nicht über diese Basis unterbewusster Errungenschaften verfügt, auf die er sich stützen kann, ist die Einweihung für den Kandidaten eine bedeutungslose Zeremonie.

Jeder Einweihungsgrad markiert die Vollendung, nicht den Beginn einer Stufe auf dem Pfad. Es muss klar verstanden werden, dass die rituelle Einweihung in die kleinen Mysterien nichts schenkt, sondern nur das verfügbar macht, was im Überbewusstsein erreicht worden ist. Die echte Einweihung ist eine spirituelle Erfahrung. Die symbolische Darstellung von Tod und Auferstehung zu durchlaufen, kann für einen Kandidaten, in dem das Verlangen nicht gestorben und das spirituelle Bewusstsein nicht erwacht ist, nichts bedeuten.

Von den alten Mysterien ist überliefert, dass der Kandidat für die Einweihung in die verschiedenen Bruderschaften gewöhnlich die Lebensgeschichte des ursprünglichen Hierophanten, des göttlichen Menschen, dessen Geschichte die Grundlage für die Symbolik der Zeremonien bildete, nachspielen musste. Er übernahm die Hauptrolle in einem Mysterienspiel, in dem die anderen Rollen von den Offizianten der Loge gespielt wurden. Der göttliche Mensch war der Archetyp oder das Ideal, das im Bewusstsein des Neophyten präsent gehalten werden musste, und jeder Offiziant der Loge repräsentierte eine Kraft, die im Laufe seiner Entwicklung auf den göttlichen Menschen einwirkte.

Ein Offiziant, der seine Funktion richtig verstanden hat, sollte so lange in der Kraft verweilen, die durch sein Amt wirken sollte, bis seine Persönlichkeit so sehr von ihr durchdrungen ist, dass er ihren Einfluss auf den Kandidaten ausstrahlt, dem er bei der Einweihung helfen will. Das vereinte Wirken aller Offizianten bildet einen Gruppengeist, der in der Lage ist, Potenzen einer viel stärkeren oder kosmischen Art zu übertragen und zu fokussieren, als dies durch den Kanal eines einzelnen Bewusstseins möglich wäre.

Farbe und Klang spielen eine wichtige Rolle bei der Umwandlung der Kräfte einer Ebene in ihre Entsprechungen auf einer niedrigeren und dichteren Ebene. Ihr Einfluss beruht auf den Prinzipien des Gesetzes der Übertragung von Schwingungen; dies lässt sich am besten durch Analogie erklären. Es ist bekannt, dass viele Menschen Farben mit bestimmten musikalischen Tönen assoziieren; es ist auch eine erwiesene Tatsache, dass, wenn man Sand auf eine Scheibe streut und einen Geigenbogen über den Rand zieht und ihn dadurch in Schwingung versetzt, der Sand regelmäßige Muster annimmt, die aus geometrischen Formen bestehen.

Schall ist eine Schwingung der Luft, von der die Anzahl der Schwingungen pro Sekunde eines bestimmten Tons ermittelt werden kann. Licht ist eine Schwingung des Äthers, und die Anzahl der Schwingungen pro Sekunde einer bestimmten Farbe kann auch ermittelt werden. Und es besteht eine mathematische Beziehung zwischen der Luft-Schwingung eines Tons und der Äther-Schwingung einer Farbe, die im Bewusstsein bestimmter sensibler Menschen hervorgerufen wird. Die Äther-Schwingungen sind immer ein Vielfaches der Luft-Schwingungen. Auf den subtileren Ebenen gibt es viele verschiedene Arten von Kräften, jede mit ihrem eigenen Schwingungsrhythmus; wenn die Geschwindigkeit dieses Rhythmus entdeckt werden kann und entweder die Wurzel oder die Hauptfaktoren festgestellt werden können, und Töne formuliert werden, die die Schwingungsgeschwindigkeit der verschiedenen Faktoren haben, und diese nacheinander ausgesprochen werden, werden sie die komplementäre Schwingung im feinstofflichen Körper hervorrufen, die der Ebene der Potenz entspricht, so wie eine musikalische Note die entsprechende Farbe im Bewusstsein entstehen lässt.

Dies ist Erklärung und die Grundlage für die Verwendung von heiligen Namen und Machtworten.

Und das Gleiche gilt für geometrische Formen: bestimmte zusammengesetzte Einflüsse haben ihre Entsprechungen in den sich kreuzenden Kraftlinien, die die regelmäßigen Figuren der Sandmuster entstehen lassen; auf einem ähnlichen Prinzip sind die heiligen Symbole aufgebaut, die Kraftlinien im Unsichtbaren darstellen.

All diese Einflüsse werden verwendet, um eine große Gedankenform im Gruppengeist der Loge zu konstruieren, und in diese Gedankenform lässt man die Potenzen einfließen, die durch die Namen der Macht angerufen und in der Einweihungsarbeit verwendet werden; und diese Einflüsse werden auf den Kandidaten fokussiert, während er sich in einem höheren Bewusstseinszustand befindet. Dies ist das Grundprinzip der Einweihung.

Während der Kandidat das Ritual mit seinem physischen Körper durchführt, sollte er sich daran erinnern, dass er selbst nur ein Symbol des göttlichen Menschen ist, den er repräsentieren soll, und er sollte im Bewusstsein die Prozesse der Seele verfolgen, die auf den subtilen Ebenen ablaufen.

Eide und Pflichten

Außenstehende stellen häufig die Weisheit und das Recht des Okkultisten infrage, sein Wissen durch die Auferlegung eines Eides der Geheimhaltung zu schützen. Wir sind so sehr daran gewöhnt, dass der Wissenschaftler seine segensreichen Entdeckungen frei an die ganze Menschheit weitergibt, dass wir das Gefühl haben, dass der Menschheit Unrecht getan und sie betrogen wird, wenn irgendein Wissen geheim gehalten und nicht sofort allen zugänglich gemacht wird, die daran teilhaben wollen.

Auf diesen Vorwurf antwortet der Eingeweihte, dass er der Hüter dieses Wissens im Namen der Menschheit ist, und so wie ein Treuhänder einem Minderjährigen nicht erlauben würde, sein Vermögen in unüberlegter Verschwendung oder törichter Spekulation wegzuwerfen, bevor er in einem Alter ist, in dem er die Natur seiner Verantwortung versteht, so werden die Älteren Brüder der Menschheit nicht erlauben, sich die Finger mit großen unbekannten Potenzen zu verbrennen, bevor sie nicht ein Entwicklungsstadium erreicht hat, durch das sie weise, diszipliniert und gereinigt genug sind, um mit ihnen betraut zu werden.

Dieses Wissen wird geheim gehalten, damit die Menschheit vor dem Missbrauch durch skrupellose Menschen geschützt werden kann. Jeder, der das Wesen der Geheimwissenschaft und die Kräfte, die sie verleiht, versteht, wird die Notwendigkeit einer solchen Vorsichtsmaßnahme erkennen. Der Verstand verfügt über bestimmte wenig bekannte Kräfte, die so mächtig und so subtil sind, dass sie, für ein Verbrechen eingesetzt, das soziale System einer Nation umstürzen könnten. Die Gerichte erkennen an, dass unzulässiger Einfluss von einer Person auf eine andere ausgeübt werden kann, aber sie haben wenig Ahnung von der Art des Einflusses, den ein geschulter Verstand auf einen ungeschulten ausüben kann.

Der wahre Eingeweihte benutzt diese Macht, um die höheren Fähigkeiten seines Schülers zu entwickeln und zu schulen, aber der Anhänger des linken Pfades benutzt sie für seine eigenen Zwecke, ohne Rücksicht auf das Interesse oder das Wohlergehen derer, auf die er Einfluss erlangen kann. Es liegt daher im Interesse der Menschheit, dass das Wissen, das solche Befugnisse verleiht, in vertrauenswürdigen Händen bleibt, ebenso wie es notwendig ist, dass die Befugnis zur Beschaffung mächtiger und gefährlicher Drogen so gesichert wird, dass sie nur von seriösen Menschen für legitime Zwecke beschafft werden können.

Der Eingeweihte des rechten Weges setzt alles daran, dass die Geheimwissenschaft würdigen Schülern und nur diesen gelehrt wird. Aus diesem Grund bindet er jeden Schüler, den er aufnimmt, durch einen Eid der Geheimhaltung, damit der Neophyt das Wissen, das er erhält, nicht weitergibt, bevor er in der Lage ist, seine Bedeutung zu schätzen. Ein gewisser Ermessensspielraum wird den Eingeweihten der höheren Grade zugestanden — sie können sowohl lösen als auch binden; aber die meisten Systeme der okkulten Ausbildung werden durch sehr strenge Verpflichtungen bewacht, und der Adept selbst ist durch einen Eid verpflichtet, diese Geheimnisse nur unter den Bedingungen weiterzugeben, unter denen er sie selbst erhalten hat.

So gibt es einige der alten Systeme, die mit schrecklichen Eiden Informationen bewachen, die seit Langem gedruckt und veröffentlicht worden sind; und es ist ein weit verbreitender Witz über eines der großen westlichen Systeme, dass seine Eingeweihten die Mächte der Hölle auf ihre Köpfe herabbeschwören würden, wenn sie das hebräische Alphabet enthüllen würden. Aber obwohl es Punkte gibt, in denen die okkulten Schulen zu ihrem eigenen Nutzen ihre Position überdenken könnten, kann es für jeden, der mit der Natur der Arbeit vertraut ist, die in einer Schule des praktischen Okkultismus geleistet wird, wenig Zweifel daran geben, dass ein Eid der Geheimhaltung notwendig ist.

Kein Eingeweihter des rechten Pfades würde jemals jemandem Wissen vorenthalten, der würdig ist, es zu empfangen; vielmehr wünscht er, seine Ernte mitzubringen, wenn er aufgerufen wird, in die große weiße Loge einzutreten; er sucht ernsthaft nach Schülern, die er ausbilden kann, um ihm bei seiner Arbeit zu helfen, denn ohne solche Hilfe sind ihm viele Aufgaben unmöglich. Zu seinem eigenen Schutz, wenn auch aus keinem würdigeren Grund, wagt er es nicht, jemanden als Schüler zu akzeptieren, der dieses Wissen missbrauchen oder dieses Vertrauen verraten könnte. Aus diesem Grund unterzieht er seine Schüler Prüfungen und vermittelt ihnen nur allmählich sein Wissen, damit sie, sollten sie unter dem Stress der okkulten Ausbildung unvermutete Charakterschwächen offenbaren, zurückgewiesen werden können, bevor sie weit genug gegangen sind, um gefährlich zu werden. Der Kritiker der Adepten würde sich eine wahrere Meinung über ihre Haltung bilden, wenn er sie nicht als Hüter eines Schatzes betrachten würde, die ihn nur zähneknirschend an die Bewerber weitergeben, deren Rechte man unmöglich ignorieren oder missachten konnte, sondern eher als Trainer von Rennpferden, die geduldig ein Tier nach dem anderen ausprobieren, in der Hoffnung, dass schließlich eines gefunden wird, das den „Grand National“ gewinnt.

Der Adept, der einen ungeeigneten Schüler annimmt, macht sich ebenso der Grausamkeit schuldig wie der Reiter, der ein Pferd über ein Hindernis schickt, das es nicht nehmen kann.

Aber obwohl der Suchende nach der Einweihung bereit sein muss, einen Eid der Verschwiegenheit als eine der Bedingungen für seine Ausbildung zu akzeptieren, wird im Westen die Auffassung vertreten, dass er nicht aufgefordert werden sollte, einen Eid des Gehorsams zu akzeptieren. Im Osten ist dies jedoch nicht der Fall, und viele, wenn nicht sogar die meisten östlichen Schulen und aus dem Osten stammenden Schulen verlangen einen solchen Eid als Teil ihrer Disziplin. Sie kennen zweifellos die Bedürfnisse der Seelen am besten, die ihrer Obhut anvertraut sind, aber ein solches System passt nicht zum westlichen Temperament, das über Generationen hinweg in Freiheit gelehrt wurde, und es war nie Teil der westlichen Tradition, selbst in Zeiten, als die entsprechenden Nationen noch an Sklaverei und Autokratie festhielten.

Es ist ganz richtig, dass der Schüler seinem Meister für die Einweihung uneingeschränkte Hingabe anbieten muss, aber er sollte niemandem erlauben, die Bedingungen dieser Hingabe für ihn zu interpretieren; sein eigenes höheres Selbst sollte der einzige Richter sein.

Der wahre Einweihende wird ihm helfen, seinen Meister zu finden, aber er sollte sich niemals auch nur einen einzigen Moment zwischen ihn und diesen Meister stellen, und wenn ein solcher Versuch unternommen wird, wird dem Schüler geraten, das mit aller Entschiedenheit zu unterbinden. Es mag zwar sein, dass ein Okkultist höheren Grades ihm eine Botschaft oder Anweisung seines Meisters überbringt, aber er sollte sie niemals als verbindlich betrachten, es sei denn, sie „lässt sein Herz in ihm brennen“, oder seine Intuition bestätigt sie.

Angenommen, ein Adept sagt zum Beispiel zu einem Neophyten, dass der Meister ihm diese und jene Anweisung gegeben hat, und der Neophyt antwortet: „Das scheint mir nicht richtig zu sein“, wer soll dann der Richter sein?

Zweifellos der Neophyt, denn es ist besser für sein Vorankommen, sich als Mensch zu irren, als dass er als Sklave weiterkommt; er wird mehr aus einem ehrlichen Fehler lernen als aus einem unintelligenten Vertrauen auf das Urteil eines anderen. Unbesonnenheit und überhebliches Selbstvertrauen werden zweifellos getadelt werden, aber der Mensch, der den Mut hat, seine Überzeugungen zu vertreten, wird sich eher bis zur Einweihung durchsetzen als derjenige, der sich damit zufriedengibt, dass jemand anderes sein Denken für ihn erledigt. Ratschläge sind eine Sache, Befehle eine andere.

Ratschläge werden gegeben, damit sie den Verstand erleuchten, und sollten nur nach reiflicher Überlegung befolgt werden; ein Mensch einer westlichen Rasse wird im Allgemeinen antworten, dass es mit seinem Stolz unvereinbar ist, in Gewissensfragen Befehle von einem fehlbaren Mitgeschöpf anzunehmen. Es ist ein mutiger Mensch, der die Verantwortung übernimmt, eine andere Seele mit verbundenen Augen zwischen Himmel und Hölle zu führen.

Ein wahrer Lehrer von Seelen weiß, dass es keinen nützlichen Zweck hat, einen solchen Eid zu verlangen, denn wenn er nicht bereit ist, seine Schüler leibhaftig in das Himmelreich zu tragen, muss er sie lehren, auf ihren eigenen Füßen zu gehen, und das kann er niemals tun, solange er sie in den Fesseln eines Gehorsamseides hält. Und selbst, wenn er sie auf seinem Rücken ins Himmelreich tragen würde, ist es sehr zweifelhaft, ob der Himmel sie annehmen würde, denn die Einweihung erfordert große Qualitäten des Charakters, und diese können nicht gelernt werden, außer in Freiheit. Die Mysterien verlangen von einem Menschen immer, dass er sowohl frei als auch von gutem Leumund sein soll, und dies ist keine bloße Formulierung, die sich aus alten Zeiten erhalten hat, denn wenn ein Mensch von solcher Natur ist, dass er sich leicht unter die Herrschaft eines Mitmenschen begibt, ohne sich instinktiv dagegen zu wehren, wird er sehr anfällig dafür sein, sich unter die Herrschaft von Wesen zu begeben, die nicht seine Gefährten sind und der Besessenheit zum Opfer zu fallen.

Was vom Neophyten verlangt wird, ist kein blinder Gehorsam, sondern ein intelligentes Begreifen von Prinzipien. Sein Lehrer verlangt von ihm, dass er einen solchen Grad an Selbstdisziplin erreicht hat, dass er, wenn ihm ein Prinzip erklärt wird, dieses sofort in die Praxis umsetzen kann, ohne dass das Gebrüll von Bruder Esel übermäßig laut wird. Wenn der Adept den Neophyten zum Beispiel anweist, bis zum Morgengrauen zu wachen, erwartet er, dass der Neophyt in der Lage ist, sich selbst wach zu halten, und er wird nicht die ganze Nacht wach sitzen und ihn jedes Mal anstupsen, wenn er beginnt einzunicken.

Wie soll eine Prüfung bestanden werden, wenn der Schüler daran gewöhnt ist, Anweisungen zu befolgen, anstatt selbst zu denken? Die Prüfungen des Okkultismus beruhen zum Teil auf der intelligenten Anwendung von Prinzipien auf die jeweiligen Umstände und zum Teil auf Charakter und Ausdauer, und eine Fähigkeit zu blindem Gehorsam wird einen Aspiranten nicht durch diese Prüfungen bringen.

Die Forderung nach einem Gehorsamseid klingt nicht gut, denn wenn Gehorsam für Zwecke verlangt wird, die sowieso die Zustimmung des Schülers finden würden, warum sollte sich der Anwärter diesen Zwecken nicht loyal zur Verfügung stellen?

Und wenn sie so beschaffen sind, dass sie nicht seine Zustimmung erhalten, ist es dann richtig, dass er gegen sein Gewissen gezwungen wird?

Wenn das Licht in ihm so schwach ist, dass er die damit verbundenen Prinzipien nicht verstehen kann, sollte er nicht in die Lage versetzt werden, sich mit Problemen befassen zu müssen, die seine Fähigkeiten übersteigen. Würden man ein Kind im Kindergarten die Treue zu Euklid und den Gehorsam gegenüber seinen Prinzipien schwören lassen?

Wenn es die Sätze von Euklid versteht, wird es sehen, dass sie selbstverständlich sind. Und so ist es auch mit okkulten Prinzipien: sie sind Naturgesetze, keine willkürlichen Erlasse, und ihnen zu widersprechen ist wie das Auspeitschen eines toten Esels. Wenn angehende Lehrer der okkulten Wissenschaft erkennen würden, dass ihre Position so unangreifbar ist wie die eines Astronomen, und dass sie einen widerspenstigen Schüler getrost den Gesetzen überlassen können, denen er sich widersetzt, würde viel weniger von Schisma und Rebellion in okkulten Schulen die Rede sein. In diesen Angelegenheiten braucht niemand das Gesetz in die eigenen Hände zu nehmen, weder Schüler noch Einweihender. Angenommen, der Schüler eines Astronomen droht, von der Erde zu springen, würde sein Lehrer ihn einsperren, um sein Leben zu retten? Angenommen, er droht, dem Mond eine Verletzung zuzufügen, würde er ihn einen feierlichen Eid schwören lassen, das zu unterlassen? Die Meister können auf sich selbst aufpassen, und wenn wir darauf bestehen, Stöcke in die kosmischen Räder zu stoßen, sind wir es, die ein gebrochenes Handgelenk und keinen Dank für unsere Mühen bekommen.

Wenn ein Lehrer seinen Unterricht auf spirituelle Prinzipien gründet, kann er seine Schüler getrost diesen Prinzipien überlassen, sei es eine Belohnung oder eine Bestrafung. Der Mensch, der sich auf solche Prinzipien stützt, ist in einer uneinnehmbaren Position und nichts kann ihn verdrängen, selbst wenn er ein Neophyt ist, der in der Dunkelheit tappt, das spirituelle Prinzip ist der Faden, der ihn durch das Labyrinth führen wird; wenn er loslässt, ist er verloren; wenn er daran festhält, kann er sein eigener Einweihender sein. Eine der Prüfungen der Mysterien verleitet den Anwärter zu einer prinzipienlosen Handlung im

Namen der Meister, und wenn er so wenig Verständnis für deren Natur hat, dass er nachgibt, wird er zurückgewiesen.

„Du sollst den Herrn, deinen Gott, lieben von ganzem Herzen, von ganzer Seele und mit all deiner Kraft", und „Ihm allein sollst du dienen"; die Funktion des Lehrers, des Einweihenden, der Bruderschaft oder des Ordens ist es, uns zu Gott zu bringen, nicht, den Platz Gottes einzunehmen und unsere Loyalität zu fordern. „Ich kann und darf nur so weit führen, als der erhabene Meister, der mich selber führt, mir die Anleitung gibt", sagte H. P. B., und sie sprach wie eine wahre Einweihende.

Alle weißen Okkultisten sagen, dass wir niemals unseren Willen aufgeben sollen; sie sollten uns auch sagen, dass wir niemals unser Urteilsvermögen aufgeben sollen. Der Lehrer, der uns auffordert, blind zu folgen, schult uns genauso wenig wie ein Mathematiker, der die gleiche Methode anwendet. Wenn ein Vorschlag nicht eure Vernunft und euer Gewissen überzeugt, lehnt ihn ab. Diejenigen, die hoch hinaufsteigen, sind großen Versuchungen ausgesetzt, und wir wissen nie, wann der Schwindel der Höhe auch die Größten ergreift; es gibt Situationen, bei denen die Zuschauer das Spiel besser sehen als die Spieler, und der Suchende, obwohl ein Narr, kann sich manchmal ein klareres Urteil bilden als diejenigen, deren Augen von zu viel Licht geblendet sind.

Grundsatzfragen haben nichts mit dem Intellekt zu tun, sie betreffen den Charakter; und wie wenig ihr auch vom Okkultismus wissen mögt, ihr seid kompetent, eine Grundsatzfrage durch die Führung eures Gewissens zu entscheiden, das für euch die Stimme des Meisters ist.

Der rechte und der linke Pfad

Die Unterscheidung zwischen weißem und schwarzem Okkultismus ist nicht so einfach zu treffen, wie es der Naive und Unerfahrene gerne glauben möchte. Um das zu verstehen, ist es notwendig, den esoterischen Begriff des Bösen zu definieren.

Wenn wir die Lehren des Alten und des Neuen Testaments vergleichen, werden wir feststellen, dass unter der alten Ordnung das Leben durch unzählige minutiös detaillierte Vorschriften geregelt war, die einem Menschen genau sagten, was er unter bestimmten Umständen zu tun hatte. Diese detaillierten und präzisen Vorschriften waren unflexibel und wurden, wenn sich die Bedingungen des sozialen Lebens änderten, unanwendbar; sie gaben keine Anweisungen zu Angelegenheiten, die dringend einer Regelung bedurft hätten, und veraltete Gesetze blieben als lästige und unnötige Einschränkungen bestehen.

Für die Auslegung und Anwendung des mosaischen Gesetzes tauchten Heerscharen von Schriftgelehrten und Kommentatoren auf, denen es mit großem Einfallsreichtum und viel Dehnung der Wortbedeutung gelang, sie als mehr oder weniger praktikables System zu erhalten.

Als jedoch der Meister Jesus kam, sagte Er: „Siehe, ein neues Gebot gebe ich euch“, und in etwa zwei Dutzend Worten gab Er die Prinzipien, die dem Gesetz und den Propheten zugrunde liegen.

Er sagte: „Du sollst den Herrn, deinen Gott, lieben von ganzem Herzen, von ganzer Seele, von ganzem Gemüt und von ganzer Kraft und deinen Nächsten wie dich selbst.“

Dies ist eine umfassende Aussage, der man sich durch Sophisterei nicht entziehen kann und die in allen erdenklichen Situationen als Leitfaden dienen kann. Es ist eine Messlatte, die, egal auf welcher Ebene wir arbeiten, immer das richtige Maß angibt. Wir können sie sowohl auf unseren Umgang mit Elementarwesen, als auch mit Menschen, mit den höchsten Intelligenzen und den niedersten bösen Geistern anwenden. Es ist eine Verhaltensregel, die uns nie im Stich lässt.

Bei der Einschätzung der äußeren Bedingungen brauchen wir jedoch eine weitere Anleitung, und hier ist es unmöglich, eine Standardregelung anzuwenden; was unter bestimmten Umständen richtig sein mag, kann unter anderen falsch sein; was für eine Person richtig sein mag, kann für eine andere falsch sein; es gibt keinen levitischen Kodex, der auf die unendliche Vielfalt der Prüfungen auf dem Pfad angewendet werden kann.

Der Eingeweihte nimmt als Maßstab nicht einen ethischen Zollstock, sondern Bewegung und Richtung. Er misst alle Dinge am Strom der Evolution. Bei bestimmten Handlungen oder Umständen fragt er:

Bewegen sie sich in die gleiche Richtung wie die Evolution, und ist ihr Tempo schneller oder langsamer als die normale Flut? Und er wird die relative Richtigkeit oder Fehlerhaftigkeit anhand der Antworten auf diese beiden Fragen beurteilen.

Zum Beispiel könnte er die Arbeit und die Lehren einer engstirnigen und bigotten Sekte betrachten und sich fragen: Kann ich diese Leute verurteilen, die so offensichtlich voller guter Absichten sind?

Und wenn er sehen sollte, dass sie den menschlichen Geist verdunkeln und ihn daran hindern, die volle Reife zu erlangen, die er normalerweise erreichen sollte, würde er urteilen, dass eine solche Sekte sich langsamer bewegt als der normale Lauf der Evolution, obwohl sie in die gleiche Richtung geht, und daher würde ihre Existenz weder dem Menschen noch Gott nützen.

Oder er könnte irgendeine unorthodoxe Lehre über Moral studieren und betrachtet sie im Licht der Biologie, um ihre Tendenz zu entdecken, und stellt fest, dass sie eine Abweichung von der Linie ist, auf der das Leben gekommen ist; dann würde er erklären, dass sie sich zwar mit größerer Geschwindigkeit fortbewegt und schneller Veränderungen hervorbringt als die langsame Verbesserung des menschlichen Bewusstseins, dass sie sich aber nicht auf das Ziel der göttlichen Vereinigung zubewegt, sondern in einem größeren oder kleineren Winkel vom Pfad des normalen Fortschritts abweicht, wie er durch die Verlängerung der Linie, auf der die Rasse gekommen ist, bestimmt wird.

Er würde sie dann verurteilen, als nicht im Einklang mit der Evolution stehend.

Oder er könnte schließlich feststellen, dass in Gesellschaften und unter Menschen mit unterschiedlichem Entwicklungsstand unterschiedliche Standards vorherrschen.

Wollte er sie gerecht beurteilen, müsste er berücksichtigen, auf welcher Stufe der Evolutionsleiter sie stehen, denn Prinzipien müssen auf verschiedenen Entwicklungsstufen unterschiedlich angewendet werden, obwohl sie an sich unveränderlich sind.

Zum Beispiel musste jeder primitive Mensch ein Krieger und ein Jäger sein, wenn er seine Pflicht gegenüber der Gesellschaft erfüllen wollte, aber wenn die räuberischen Impulse in der zivilisierten Gesellschaft fortbestehen, führen sie zu Verbrechen; es war auffällig, wie viele gewohnheitsmäßige Verbrecher sich im Krieg hervortaten, und ebenso der bemerkenswerte Rückgang der Kriminalität, der herrschte, während dieses Ventil für die abenteuerlichen Impulse der Rasse verfügbar war.

Der Berufsverbrecher ist keineswegs ausnahmslos ein Mann mit hässlichem Temperament oder üblem Gemüt; er kann häufig auch heroische Tugenden haben. Oft ist er ein Mensch, der sich nicht an die Zivilisation angepasst hat und der gegen die einengenden Bedingungen des modernen Lebens rebelliert. Wäre er der Bürger einer Grenzkolonie gewesen, hätte er es vielleicht zu etwas gebracht und eine Auszeichnung erhalten.

Er ist böse, weil er nicht in seine Zeit passt. Die Impulse, die ihn antreiben, haben aufgehört, einem sozialen Zweck zu dienen. Er ist atavistisch, ein „Rückfall" in primitive Verhältnisse.

Diese Prinzipien ermöglichen es uns, den rechten und linken Pfad und den schwarzen und weißen Okkultismus einzuschätzen. Der rechte Pfad ist derjenige, der die Evolutionslinie verlängert und auf dem direktesten Weg zum Ziel führt; er ist der kürzeste Weg zwischen der Stufe, auf der ein Mensch angekommen ist, wenn er den Ruf hört, und der göttlichen Vereinigung. Es wird sich also zeigen, dass kein wahres System oder bestimmter Weg als der wahre Pfad festgelegt werden kann, den jeder Mensch gehen muss. „Die Wege zu Gott sind so zahlreich wie die Atemzüge der Menschensöhne." Was zählt, ist, ob der Weg direkt oder indirekt ist.

Und noch einmal, was den schwarzen Okkultismus betrifft, ist es unmöglich, irgendeine Operation zu allen Zeiten und unter allen Umständen als definitiv schwarz oder definitiv weiß zu bezeichnen; alles, was wir sagen können, ist, dass sie unter bestimmten Umständen schwarz oder weiß ist. Schmutz wurde als Materie definiert, die fehl am Platz ist, und das Böse kann als Kraft definiert werden, die fehl am Platz ist.

Kraft kann räumlich oder zeitlich fehl am Platz sein.

Eine Sache kann zu einer Zeit richtig sein, die zu einer anderen Zeit falsch ist.

Schwarzer Okkultismus kann also als Kraft, die fehl am Platz ist, oder als überholte Methode definiert werden.

Die Frage der überholten Einweihungsmethoden wurde in einem früheren Kapitel behandelt, aber wir müssen die Frage jetzt noch einmal vom Standpunkt der tatsächlichen Ausbildung eines Aspiranten, wie sie in einer okkulten Schule gegeben wird, aufgreifen.

Der Aspirant möge sich vorstellen, dass er am tiefsten Punkt einer Ellipse steht, deren höchster Punkt Gott ist; zu seiner Linken erstreckt sich der Weg, auf dem er in die Materie hinabgestiegen ist; zu seiner Rechten erstreckt sich der Weg, auf dem er zum Geist zurückkehren wird.

Sollte er umkehren und seine Schritte auf dem Weg zurückverfolgen, auf dem er gekommen ist, würde er den linken Pfad beschreiten; sollte er auf dem Weg weitergehen, dem die Evolution letztendlich folgen wird, würde er dem rechten Pfad folgen.

Auf beiden Wegen kann er durch die Ebenen aufsteigen, und wenn er die Beherrschung einer Ebene durch den Pfad der rechten Hand erlangt hat, wird er Meister über beide Aspekte, den primitiven und den entwickelten, sein; er wird jedoch darauf achten müssen, beide Aspekte an ihrem richtigen Platz zu halten, aber sie werden ihm nicht mehr verboten sein.

Versuchen wir, dies an einem Beispiel zu verdeutlichen.

Angenommen, ein uneingeweihter Mensch würde versuchen, mithilfe von Drogen in die höheren Ebenen des Bewusstseins vorzudringen, so würde deren Wirkung darin bestehen, dass sie die höheren Fähigkeiten des Verstandes in den Schwebezustand versetzen und so den primitiven Kräften der direkten psychischen Wahrnehmung ermöglichen, ungehindert zu funktionieren; er würde zwar in die Astralebene eindringen, sich aber in ihrer Vorhölle oder im Fegefeuer wiederfinden.

Sollte er die astralen Sinne durch die wahren initiatorischen Methoden der Bewusstseinsentwicklung und -erweiterung öffnen, würde er ebenfalls Zugang zur Astralebene erhalten, aber zu einer andere Sphäre davon.

Sollte es ihm jedoch gelingen, erfolgreich in diese Sphäre einzudringen und sie so zu meistern, dass er sich dort bewusst und frei bewegen kann, wird er feststellen, dass er auch in ihre Höllen eindringen kann.

Diese Macht würde er jedoch nie benutzen, außer für den Zweck, „den Geistern im Gefängnis zu predigen“.

Die Methoden, die Höllen zu betreten, können vom Schwarzmagier verwendet werden, der die Kontrolle über die Geister erlangen und sie für seine eigenen bösen Zwecke einsetzen will, und vom weißen Okkultisten, der eine Seele erlösen will, die vielleicht in eine der Höllen hineingezogen wurde; daher kann man nicht sagen, dass diese Formeln definitiv böse sind und auf keinen Fall verwendet werden sollten.

Schwarze Magie beschäftigt sich hauptsächlich mit der Beschwörung böser Geister, aber der weiße Magier kann die gleiche Formel verwenden, um einen Geist zu beschwören und ihn zu zwingen, sein Opfer freizulassen.

Eine Beschwörung muss einem Exorzismus aus dem offensichtlichen Grund vorausgehen, dass es unmöglich ist, einen Geist zu bannen, der nicht anwesend ist.

Das ist der Grund, warum sich viele Exorzismusversuche als erfolglos oder nur vorübergehend in ihrer Wirkung erweisen; es liegt daran, dass der Anwender nicht den Mut für die Beschwörung hat.

Niemand sollte von einem Menschen erwarten, dass er außerhalb seines Grades arbeitet oder versucht, Kräfte zu benutzen, die ihm nicht verliehen wurden, und der weise Okkultist erkennt seine Grenzen und hält sie strikt ein; aber wenn er rituelle Magie überhaupt versucht, sollte sie richtig gemacht werden, oder sie ist schlimmer als nutzlos.

Sie ist nicht an sich böse, kann aber in ungeübten Händen sehr leicht zum Bösen werden, weil die dadurch hervorgerufenen Kräfte leicht außer Kontrolle geraten.

Es besteht kaum ein Zweifel daran, dass die Evolution das Stadium erreicht hat, in dem die Form allmählich beiseitegelegt wird.

„Denn wenn wir uns erheben, verschwinden die Symbole.“

Der legitime Anwendungsbereich der rituellen Magie in der heutigen Zeit ist begrenzt; sie wird zu Recht für die Behandlung bestimmter okkulter Erkrankungen verwendet, insbesondere solcher, die ihren Ursprung in der Hexerei der Vergangenheit haben, aber sie ist keine Sache, mit der man zu experimentellen Zwecken spielen sollte.

Nichtsdestotrotz ist eine Kenntnis ihrer Arbeitsweise und Prinzipien für den Neophyten, der sich die psychischen Kräfte erschließt, notwendig, so wie eine Kenntnis des Schwimmens für jeden, der sich auf das Bootfahren einlässt, unerlässlich ist.

Der Schüler mag auf Pfaden der spirituellen Entwicklung arbeiten, die keine rituelle Magie verwenden, aber sollte ein Unfall passieren — und die Einweihung ist nicht narrensicher — kann er in die Sphäre stürzen, in der rituelle Magie wirkt, und dann ist sie das Einzige, was ihn befreien kann.

Die okkulten Kräfte sollten als eine Lampe betrachtet werden, die dem Aspiranten den Weg zeigt, aber nicht als ein Leuchtfeuer, an dem er sich orientieren kann.

Sie können ihn sicher durch das unerforschte Hinterland des menschlichen Verstandes führen, und ohne eine solche Führung ist es sehr wahrscheinlich, dass er in die Irre geht; aber wenn er sich abwendet und sich ein Haus im Reich des Okkultismus baut, wird er den Pfad verlassen haben.

Sein Ziel ist der Gipfel des Geistes, nicht der Dschungel des Verstandes, aber da er den Dschungel des Verstandes durchqueren muss, braucht er eine Ausrüstung für die Reise.

Die Suche nach dem Meister

Die Geschichte der Einweihung wurde nur sehr kurz erwähnt, zweifellos allzu kurz für den allgemeinen Leser, der mit diesen Themen nicht vertraut ist; die Geschichte ist für Studenten bestimmt, dient nicht der Propaganda, und die Grundlagen werden als selbstverständlich vorausgesetzt. Sie soll den Weg der Annäherung an den westlichen Zweig der großen esoterischen Tradition aufzeigen, und zwar für diejenigen, die, nachdem sie so viel von der geheimen Weisheit kennengelernt haben, wie öffentlich herausgegeben werden kann, den Wunsch haben, ihr Studium des Themas zu vertiefen.

Für dieses Streben reichen Fleiß und Intellekt nicht aus; es bedarf gewisser charakterlicher Voraussetzungen und bestimmter Geisteshaltungen, und der angehende Student muss sowohl seine Natur disziplinieren und entwickeln als auch seine Forschungen betreiben.

Das höhere Selbst ist der erste Einweihende, kein anderer kann uns mit den unsichtbaren Meistern in Verbindung bringen, und die Vorarbeit muss subjektiv geleistet werden.

Es wird oft die Frage gestellt, ob es möglich ist, dass eine Einweihung stattfindet, ohne dass der Verstand sich der Erfahrung bewusst ist.

Die Antwort auf diese Frage ist negativ.

Die Einweihung beinhaltet die Vereinigung des höheren und des niederen Bewusstseins und kann daher offensichtlich nicht ohne Bewusstsein stattfinden, oder wenn sie es könnte, würde sie keinen nützlichen Zweck erfüllen.

Dies gilt jedenfalls für die westliche esoterische Tradition, in der die Grade tatsächliche okkulte Kräfte verleihen, die zur Zufriedenheit des Magus demonstriert werden müssen, bevor der Schüler zu den höheren Graden weitergehen kann. Ob das Gleiche für die östliche Tradition gilt, kann der Verfasser nicht sagen, da er kein Eingeweihter dieser Tradition ist, aber die Beweise deuten darauf hin, dass die Sachlage dort genau so ist und dass alle echten Eingeweihten dieser Tradition im Besitz von Siddhis oder okkulten Kräften sind. Anders verhält es sich jedoch, wenn eine Seele, die in einem westlichen Körper inkarniert ist, versucht, eine östliche Einweihung zu bekommen, während sie in einem westlichen Land wohnt und keinen tatsächlichen Kontakt mit einem östlichen Guru hat.

In einem solchen Fall wäre es durchaus möglich, dass es der bewussten Erinnerung an die Erfahrung nicht gelingt, das physische Vehikel zu durchdringen. Es wird dann jedoch behauptet, dass eine solche Erfahrung nur partiell wäre, und sie sicherlich nicht die Siddhis oder Kräfte des Grades verleihen würde. Ihre Früchte können vielleicht in einer anderen Inkarnation geerntet werden, aber kaum in dieser. Deshalb haben die Eingeweihten des Westens immer die Ansicht vertreten, dass westliche Methoden für westliche Menschen angewandt werden müssen, und sie wurden weder geeigneten Bewerbern verweigert, noch irgendeiner Gruppe oder Gesellschaft, die mit sauberen Händen kamen und die Kontakte suchten. Die große westliche esoterische Tradition ist eine lebendige Kraft; der westliche Weg ist eine offene Straße, die von unzähligen Füßen betreten wurde, und alle, die ihn suchen, können ihn finden.

Der Meister ist sich der Existenz des Schülers bewusst und hat vielleicht sogar schon mit der vorbereitenden Ausbildung begonnen, bevor der Schüler hellsichtig genug ist, um sich der Anwesenheit des Meisters bewusst zu sein. Die vorbereitende

Ausbildung kann durchaus ablaufen, ohne dass der Schüler sich dessen bewusst ist. Die Anrufung, mit der der Meister herbeigerufen wurde, mag vergessen worden sein; die Suche, obwohl immer noch erwünscht, erscheint hoffnungslos, und der Suchende glaubt, dass er zu Ohren gerufen hat, die zu weit entfernt waren, um gehört zu werden, oder sogar gar nicht existieren; und doch mag die Arbeit an seinem höheren Selbst, jenseits der Reichweite des Alltagsbewusstseins, stetig voranschreiten.

Er sollte nicht verzweifeln, sondern an seinem Streben festhalten, und zu gegebener Zeit wird er ernten, wenn er nicht versagt. Tag für Tag wird das höhere Bewusstsein näher und näher an die Schwelle gebracht; die großen Kräfte, die die Meister auf die Seele loslassen, die sich ihnen öffnet, füllen ihre Tiefen wie eine Quelle, die in ein Reservoir fließt; langsam sammelt sich das Wasser hinter der Barriere, die das Unterbewusstsein vom Bewusstsein trennt, und wenn die Zeit reif ist, legt der Einweihende seine Hand auf den Hebel, der die Schleusen betätigt, und das Wasser fließt in den ihm zugedachten Kanal.

Der Vorgang ist also ein zweifacher und wird auf zwei Ebenen gleichzeitig ausgeführt, so wie ein Tunnel durch einen Berg von beiden Enden gleichzeitig gebohrt wird. Und so wie es beim Vortrieb eines Tunnels von der Geschicklichkeit der Ingenieure und der Genauigkeit ihrer Instrumente abhängt, ob sich die beiden Einschnitte in der Tiefe des Berges treffen oder verfehlen, so hängt es von der psychologischen Geschicklichkeit des Lehrers ab, ob sich die beiden Entwicklungslinien in den Tiefen des Unterbewusstseins des Aspiranten treffen oder verfehlen. Seine Aufgabe ist es, dafür zu sorgen, dass die Schulung der Persönlichkeit und des Bewusstseins so durchgeführt wird, dass die krummen Stellen gerade gemacht werden und der Weg der Seele mit dem Weg der Kraft des Geistes, der wie ein Blitz herabkommt, in Einklang gebracht wird.

Wenn dies nicht geschieht, muss die Verbindung zwischen den beiden Trassen möglicherweise durch eine solche S-Kurve erfolgen, die einen der früheren Alpentunnel verunstaltet hat. Eine solche Verdrehung des Weges der Kraft ist immer eine Gefahrenquelle, denn jede Kraft hat die Tendenz, geradeaus zu gehen, und es kann sein, dass sie die Kurve nicht schafft. Eine solche Kraft, die sich ihren Weg ins Bewusstsein bahnt und alles wegfegt, was sich ihr in den Weg stellt, ist den Okkultisten als Qual bekannt und die Ursache vieler Pathologien sowohl des Verstandes, der Moral als auch des Körpers. Das Risiko eines solchen Ereignisses wird stark vermindert, wenn der Pfad unter der Anleitung eines zuverlässigen Lehrers beschritten wird.

Er wird den Einfallswinkel der einweihenden Kraft kennen und kann seinen Schüler anleiten, wie er seinen Bewusstseinszustand mit ihr in Einklang bringen kann.

Wie soll derjenige, der die Möglichkeit des großen Werkes erahnt hat, einen Meister finden, der ihn für dessen Umsetzung schult? Dies ist die wichtigste Frage für den ernsthaft Suchenden.

Aber man sollte bedenken, dass das Betreten des Pfades etwas ganz anderes ist als das Studieren der Karte. Die Landkarte mag bei Lampenlicht am Kamin studiert werden, der Pfad wird im Wind und in der Dunkelheit der kargen Orte der Seele beschritten; denn der Pfad ist im Inneren und führt vom Alltagsbewusstsein über das Unterbewusstsein zum Überbewusstsein.

Er ist jedoch keineswegs subjektiv, und es ist der objektive Aspekt der Suche, auf den der Student zweifellos neugierig sein wird.

Betrachten wir die spirituelle Geschichte eines Menschen, der sich auf die Suche begibt, und beachten wir die Stadien, die er durchlaufen wird.

Zuerst kommt die Formulierung des Konzepts; er begreift die Idee der Einweihung und des Ideals, dem Meisters zu dienen, und wünscht sich, eingeweiht zu werden. Aber ist der Wunsch genug? Ja, es ist genug, wenn der Wunsch stark und andauernd genug ist; wenn er unerschütterlich und standhaft fortbesteht, durch alle Prüfungen der Seele, die seine Belastbarkeit testen sollen, durch die Läuterung, die ihn für den Kontakt mit dem Meister reinigen soll, und durch die Mühen der Ausbildung, die ihn tauglich machen soll, um dem Meister zu dienen; wenn das Verlangen nach der Einweihung durch all das unerschütterlich fortbesteht, wird es den Schüler zu Füßen des Meisters bringen.

Aber wie wenige erreichen oder erkennen überhaupt die Stärke des Wunsches, der notwendig ist, um die Einweihung herbeizuführen. Eine schöne östliche Überlieferung erzählt von dem Meister, der seinen Chela unter Wasser hielt, bis er halb ertrunken war, und ihm sagte, dass er das Licht erhalten würde, wenn er es so inbrünstig begehrte wie die Luft; und die westliche Geschichte erzählt von dem Mann, der alles verkaufte, was er besaß, um „die kostbare Perle" zu kaufen. Wer den Pfad betritt, darf nichts mitnehmen; nackt werden wir in die Welt hineingeboren, und nackt gehen wir aus ihr heraus in das höhere Bewusstsein. Es gibt viele, die sich nach dem Himmel sehnen, aber nur sehr wenige, die in der Lage sind, die göttliche Reise zu ertragen. Es ist unmöglich, das Beste aus beiden Welten zu bekommen, denn wo unser Schatz ist, da wird auch unser Herz sein.

Nur diejenigen, für die des Fleisches Lust und der Augen Begierde und das hoffärtige Leben aufgehört haben, irgendeine Bedeutung zu haben, werden den Weg beschreiten, der zum Gipfel führt, und für sie wird die Reise nicht schwer sein, denn sie reisen leicht. Wer mit leeren Händen geht, schreitet leicht; es ist die große Last der egoistischen Notwendigkeiten, die den Weg mühsam macht.

Nun kommt eine bittere Zeit der Konflikte auf die Seele zu. Sie hat das göttliche Ideal erblickt, sie hat von den lebendigen Wassern des Geistes getrunken, und diese haben in ihr einen Durst geweckt, der auf Erden nicht gestillt werden kann; nachdem sie die Wirklichkeit erkannt hat, kann sie sich nicht mit dem Schein zufriedengeben; und doch hat sie die Freuden der Materie nicht ausgeschöpft. Es ist das Beste, dass ein solcher Mensch ernsthaft die Kosten abwägt, bevor er sich auf die große Suche begibt und die Meister um Hilfe bei seiner Suche anruft. Denn die Meister werden ihn beim Wort nehmen, wenn er sie anruft, und ihn durch die Flamme der Umstände gehen lassen, sodass alle Schlacke verbrannt und sein Charakter gereinigt wird; aber wenn das Erz seiner Natur arm an spirituellem Metall ist, wird die dadurch verursachte Feuersbrunst eine solche Hitze erzeugen, dass das Gold schmilzt und verrinnt, und die Form dieses Menschen verloren geht.

Es ist der wunschlose Mensch allein, der in die große Freiheit übergeht, und wenn jemand, der von Wünschen beherrscht wird, den Übergang versucht, verursachen diese Wünsche, die mit den Wurzeln ausgerissen werden, ein Bluten der Seele. Es ist besser, dass eine Reifung des Geistes erreicht wird, sodass er sich von seinen fleischlichen Begierden auf natürliche Weise trennt, indem er ihnen entwächst, als den Instinkten der Natur Gewalt anzutun. Wir sollten nicht anstreben, die Wünsche zu unterdrücken, sondern ihnen zu entwachsen; reife Früchte lösen sich leicht vom Stamm, und der Mensch, der die Lektionen, die das Leben lehrt, gelernt hat, wird ohne Reue weitergehen.

Eine unvollständige, misslungene Lebenserfahrung ist keine gute Grundlage für die Erleuchtung.

Die Einweihung kann nicht in weniger als drei Inkarnationen stetiger gezielter Bemühungen erreicht werden. In der ersten Inkarnation entwirft die Seele das Ideal und pflegt es im

Verborgenen, indem sie alle Pflichten des Menschseins in Demut und Geduld erfüllt und so den Charakter bildet; in der zweiten Inkarnation wird die Seele geprüft und geläutert und muss ihr Karma erfüllen — man spricht manchmal von der Inkarnation der Saat; und in der dritten Inkarnation rekapituliert sie rasch die in den beiden anderen erreichte Entwicklung und ist bereit für den Pfad.

Jeder Mensch, der das Ideal der Einweihung begreift, muss sich vergewissern, ob das Bewusstsein zum ersten Mal erwacht ist, oder ob die Erinnerung nach dem zwischengeburtlichen Schlaf aus den Tiefen des Unterbewusstseins zurückkehrt; hier ist der Rat eines Lehrers, der die Akasha-Chronik lesen kann, sehr notwendig, denn eine von Abenteuerlust oder Nacheiferung befeuerte Fantasie kann den Aspiranten schmerzlich in die Irre führen und ihn dazu bringen, sich zu weit vorzuwagen. Es kann auch vorkommen, dass das vorangegangene vorbereitende Leben seinen Zweck nicht erfüllt hat und die Vorbereitung somit unvollständig ist; die Arbeit muss dann noch einmal gemacht werden, bevor weitere Fortschritte gemacht werden können.

Schließlich gibt es viele Seelen, die in der Vergangenheit eingeweiht wurden, aber durch die schwarze Magie verführt wurden oder bei einer Prüfung versagt haben und dann mühsam den verlorenen Boden zurück erobern müssen; solche Seelen sind oft übersinnlich, haben aber keine Kenntnisse des Okkultismus; die subtilen Sinne, die sich entwickelt haben, mögen noch vorhanden sein, aber die Kontakte sind unterbrochen und die Erinnerungen vom verratenen Meister ausgelöscht worden; für diese ist der Pfad verboten, bis die Sühne vollzogen und das Unrecht wiedergutgemacht ist; ihr eigener Instinkt ist in dieser Angelegenheit der beste Führer, denn sie werden mit untrüglicher Sicherheit wissen, wann die unsichtbare Barriere niedergerissen ist und sie frei sind, weiterzugehen.

Das Streben der Seele nach Einweihung sollte mit unbeirrbarer Entschlossenheit formuliert und festgehalten werden; man sollte darüber meditieren und in den Nachtwachen darüber sinnen, und jede Handlung der wachen Stunden sollte der Vervollkommnung des Charakters und dem Dienst an der Menschheit und dadurch an den Meistern gewidmet sein; aber die Seele sollte in Demut auf psychische Erfahrungen warten und nicht versuchen, sich in die astralen Räume hinauszuprojizieren, wo sie weder Führer, Karte noch Kompass hat. Wenn die Zeit reif ist, wird sie tatsächlich die astralen Wege bereisen, aber unter der Obhut eines Führers und nicht allein.

Die Meister nehmen Seelen als Schüler auf, nicht zum Nutzen der Seele, sondern zum Nutzen des großen Werkes; ein Mensch wird nicht um seiner Neugier oder seines Enthusiasmus willen ausgebildet, sondern nur insofern, als er als Diener von Wert ist; aus diesem Grund ist ein selbstloser Wunsch zu dienen der sicherste Weg zum Meister; niemand, der Wissen oder Macht um ihrer selbst willen begehrt, wird es je schaffen, die innerste Essenz davon zu erlangen. Er mag ein Magier oder ein astraler Seher werden oder sogar eine tiefe intuitive Weisheit besitzen, aber das spirituelle Licht des Innersten wird nicht zünden. Wir sollten uns nicht täuschen, es ist der Geist, der das Ziel der Suche ist; alles andere ist ein Mittel zum Zweck, alles andere ein Schein, nicht die Wirklichkeit; und obwohl der Schein nicht unbedingt trügerisch sein muss, sondern eher ein wahrer und genauer Symbolismus und ein System von Entsprechungen, kann das den Hunger der spirituellen Natur nach dem Geist Gottes nicht stillen.

Der Astralkörper funktioniert auf der Astralebene, und der Mentalkörper erwacht zum Bewusstsein auf der Mentalebene, wenn er seine Einweihung erhält, aber der spirituelle Körper muss erst in der Welt des Geistes erwachen, bevor der siebenfache Mensch vollendet ist. Weder Verstand noch Emotion werden die Bedürfnisse des Geistes befriedigen.

In der Vereinigung mit dem Göttlichen, die der westliche Esoteriker als die höchste Einweihung betrachtet, erwacht der Funke des göttlichen Geistes, der für den Menschen das ist, was das Sandkorn für die Perle ist, im voll ausgebildeten Körper der sechsten Ebene des konkreten Geistes zum Bewusstsein; dies ist die erste der kosmischen Einweihungen, weil der göttliche Funke, der, metaphorisch gesprochen, der Ebene Gottes angehört, über den Ring, der „überschreite mich nicht" genannt wird, vom manifestierten Universum hinaus in den noumenalen Kosmos gelangt ist, wo das Bewusstsein der großen Entität wohnt.

Dieses höchste spirituelle Ideal darf auf dem ganzen langen Weg des Pfades nie aus den Augen verloren werden: das allein ist das Ziel, denn nichts anderes kann die vollständige Verwirklichung bringen. Wenn er sich diesen Wegweiser immer vor Augen hält, wird der Reisende nicht vom Weg abkommen, denn obwohl seine Reise in Etappen und durch verschiedene Regionen gehen muss, und obwohl die Disziplin jeder Etappe durchlaufen werden muss, um die Entwicklung der Seele zu vollenden, darf er niemals innehalten oder ausruhen, bis er die endgültige göttliche Vereinigung erreicht hat; auch darf er nicht in irgendeiner Etappe des Pfades anhalten und ein Haus bauen, weil er denkt, dass er in der Vervollkommnung dieser Phase die Vollendung finden wird. Jeder Gipfel, den er erklimmt, offenbart nur den Gipfel dahinter, und von jedem Gipfel muss er in das Tal der Demütigung hinabsteigen, um den Gipfel der nächsten Disziplin zu erklimmen. Weder die astrale Hellsichtigkeit noch die magischen Kräfte sind ein Selbstzweck, sondern dienen den Zwecken des Adepten, der, wenn er nicht auch die Kräfte des Geistes hat, nur wie „tönendes Metall oder eine klingende Schelle" ist; aber wenn er die Dinge des Geistes hat und nicht auch jene

Kräfte, muss er zu denen gehören, die in subjektiver Glückseligkeit auf das Ende des Tages der Manifestation warten, denn ohne die Kräfte der Ebenen kann er nicht zurückkehren, um der Menschheit auf ihrem Weg nach oben zu helfen; er muss ein Magier sein, wenn er ein Meister sein will, denn ohne die okkulten Künste kann er nicht von Ebene zu Ebene gehen.

Dies ist ein sehr wichtiger Punkt, den man bei der Wahl einer esoterischen Schule oder eines Lehrers ernsthaft in Betracht ziehen sollte.

Betrachten wir nun die eigentlichen Stufen in der Ausbildung des Suchenden, der, nachdem er ein wahres Ideal formuliert hat, sein Licht an den dunklen Orten der Welt zum Leuchten gebracht hat. Indem wir an die Meister denken, ziehen wir ihre Aufmerksamkeit auf uns, und es ist unglaublich leicht, eine magnetische Verbindung mit jenen herzustellen, die immer bereit sind mehr zu geben, als wir zu empfangen; und wenn jemand, nachdem er an die Meister gedacht und den Wunsch formuliert hat, als Schüler angenommen zu werden, feststellt, dass die Umstände seines Lebens beginnen stürmisch zu werden, wird er wissen, dass seine Bewerbung angenommen wurde und dass die Vorprüfungen begonnen haben. An jedem Punkt seines Lebens wird er geprüft, ob er frei von Begierde ist.

Nun darf man nicht denken, dass der Dienst an den Meistern notwendigerweise Bankrott und Verlust bedeutet; ein Mensch kann unermesslichen Reichtum haben, und doch können die Dinge, die man mit Geld kaufen kann, ihm so wenig bedeuten, dass er sich nie die Mühe macht, sie zu kaufen, sondern ein Leben großer Einfachheit führt und seine ganzen gewaltigen Ressourcen in selbstlosem Dienst einsetzt und weder Belohnung noch Dank verlangt. Ein solcher Mensch würde eher Erleichterung als Verlust empfinden, wenn er seines Vermögens beraubt würde. Wenn sich aber jemand, der nur das Notwendigste besitzt, sich verzweifelt daran klammert, wird er durch finanzielle Verluste auf die Probe gestellt, bis er erkennt, dass, wenn wir den Meister beim Wort nehmen und zuerst das Himmelreich und seine Gerechtigkeit suchen, uns all diese Dinge gegeben werden.

Der Meister Jesus ist der Meister des Mitgefühls, und sein Reich ist das Reich der Liebe, aber wenn wir irgendein Geschöpf oder eine Sache mit einer rein persönlichen Liebe lieben, einer Liebe, die sich mehr an der Empfindung des Liebens als am Wohl des Geliebten erfreut, werden wir sicherlich durch den Entzug der gewünschten Sache geprüft werden.

Wenn wir aber mit einer Liebe lieben, die so vollkommen selbstlos ist, dass wir ohne Schmerz beiseitetreten würden, wenn dem Geliebten dadurch ein größeres Wohl zuteilwürde, als wir ihm geben könnten, dann lieben wir mit der größeren Liebe, die nicht weggenommen werden kann, „weder Höhe noch Tiefe noch sonst etwas Geschaffenes wird uns zu trennen vermögen von der Liebe“.

Man sollte nicht denken, dass bei den Opfern des Pfades irgendeine Pflicht beiseitegelegt werden muss; es sind nicht die Pflichten, sondern die Begierden, auf die verzichtet werden muss. Jede legitime Pflicht muss erfüllt und nicht umgangen werden, und jede menschliche Schuld muss beglichen werden, bevor wir uns der Hingabe widmen können, die das Studium der geheimen Weisheit mit sich bringt.

Es gibt jedoch viele Wege zu den Meistern der Weisheit, und einer davon ist der Pfad des häuslichen Herdes, bei dem durch die Erfüllung der häuslichen Pflichten in Liebe die Einweihung gewonnen wird.

Die heiligen Pflichten des Heimes sind die Schritte auf dem Pfad, und oft ist es das Los derer, die in vergangenen Inkarnationen das Wissen um seiner selbst willen verfolgt haben und nicht für den Dienst an anderen, dieser Disziplin zu folgen. Diese Menschen sollen sich ganz der treuen Erfüllung dieser Pflichten widmen, als ob sie für den Meister wären, und nur die freien Momente für das unentbehrliche Studium verwenden, das ihnen die notwendigen Grundkenntnisse vermittelt, und ihr Motto soll lauten: „Verdiene zuerst die notwendigen Mittel, und Gott wird eine Verwendung für sie finden.“

Wo auch immer die Seele sich befindet, von diesem Punkt aus muss sie ihre Reise antreten; niemand kann in den Schuhen eines anderen gehen. Die Seele muss immer „Gutes bewirken“ mit dem, das ihr zur Verfügung steht, bevor sie den Pfad betritt.

Wenn diese Seele sich als Schreiber oder Koch wiederfindet, muss sie ein tüchtiger Schreiber oder ein guter Koch werden; die Meister haben so wenig Verwendung für Inkompetenz wie für Sünde, und wenn wir in der Ausführung irgendeines Teils unserer Pflicht oder Arbeit inkompetent sind, wird eine schwache Basis der ganzen Natur zugrunde liegen, und die Prüfungen des Pfades werden es ans Licht bringen.

Es wird die Zeit kommen, in der der Suchende, nachdem er die vorbereitenden Prüfungen sicher durchlaufen hat, feststellt, dass sich der Pfad vor ihm öffnet; nachdem er das Äußerste aus den ihm zur Verfügung stehenden Mitteln gemacht und sie ausgeschöpft hat, werden ihm weitere Möglichkeiten gegeben.

Die Ausschöpfung des zur Verfügung gestellten Materials für sein Training ist ein sehr wichtiger Punkt im Zusammenhang mit dem Vorankommen.

Ein Suchender mag nach Büchern seufzen, die seine Mittel übersteigen, und sich nicht in der Lage fühlen, in seinen Studien voranzukommen, weil sie ihm fehlen, aber hat er die Möglichkeiten der städtischen kostenlosen Bibliothek ausgeschöpft?

Oder er wünscht sich tiefe Belehrungen über Meditation, aber hat er gelernt, in den hektischen Stunden seiner Arbeit die Ruhe zu behalten? All diese Dinge werden von den Meistern als Disziplin verwendet, und sie beobachten die Beherrschung des Schülers in diesen Dingen, bevor sie ihn fördern, und einer der sichersten Tests ist die Sauberkeit des Raumes, den eine Person bewohnt, und die ordentliche Führung seiner Angelegenheiten; ein Okkultist braucht ein ausgeglichenes Temperament und eiserne Nerven, und es gibt nur wenige Wege im Leben, die nicht Möglichkeiten zur Durchführung dieser wesentlichen Vorarbeiten bieten.

Nachdem also alles getan wurde, was der Suchende in der Einsamkeit tun kann, teilt ihm die siderische Loge, unter der er seinen Weg geht, einen Führer zu. Das Amt des spirituellen Führers ist eines der ersten, das von einer Seele übernommen wird, die über die Inkarnation in der Materie hinausgegangen ist. Nach dem letzten Tod des Körpers eines Menschen, der sich dem Dienst der Meister gewidmet hat, wird die neu befreite Seele in der großen humanitären Arbeit beschäftigt, die auf der Astralebene stattfindet; diese Arbeit ist allen, die sich mit spiritualistischer Forschung beschäftigen, wohlbekannt und braucht auf diesen Seiten nicht im Detail behandelt zu werden, und das Amt des spirituellen Führers ist eine ihrer Unterabteilungen.

Ein spiritueller Führer fungiert als Bote zwischen dem Meister und dem Schüler, indem er dem Bewusstsein der ihm anvertrauten Seele mittels telepathischer Suggestion Anweisungen übermittelt; er hat auch die Aufgabe, seinen Schützling während seiner ersten Expeditionen auf die inneren Ebenen zu beschützen, ihn in den schwierigen Momenten des Übergangs von einer Ebene zur anderen zu schützen und ihn zu unterstützen, bis er die Fähigkeit erlernt hat, den Übergang durch die Bewusstseinszustände selbst zu bewerkstelligen.

Über einen Zeitraum von einigen Monaten bis zu mehreren Jahren dauert die Beziehung zwischen dem spirituellen Führer und dem Suchenden an, und am Ende dieser Zeit sind sie so miteinander vertraut wie gute Freunde. Spirituelle Führer sind einfach menschliche Wesen mit einer hoch entwickelten Seele, die keinen physischen Körper haben, und die Persönlichkeit ist die der letzten Inkarnation. Es kann jedoch eine Zeit kommen, in der der spirituelle Führer bereit ist, zu höherer Arbeit aufzusteigen, der Suchende aber noch nicht für die nächste Stufe bereit ist; dann wird ihm ein neuer Führer zugeteilt, und der andere wird sich zurückziehen, obwohl er von Zeit zu Zeit seinen früheren Schützling besuchen kann, denn diese Freundschaften der inneren Ebenen sind genauso real wie die der irdischen Ebene.

Wenn jedoch die Zeit gekommen ist, dass der Schüler in der Lage ist, mit Vertrauen und Sicherheit durch die Ebenen zu kommen und zu gehen und selbst die Befehle seines Meisters empfangen kann, braucht er die Hilfe seines spirituellen Führers nicht mehr, der dann für andere Arbeiten zurückgezogen wird.

Viele Seelen werden auf diese Weise ganz von den inneren Ebenen aus geschult, aber es gibt andere, die nicht so leicht übersinnliche Fähigkeiten entwickeln, und für sie wird eine andere Methode verwendet. Der spirituelle Führer fungiert als Vermittler zwischen dem Schüler, der ausgebildet werden soll, und einem anderen Diener desselben Meisters, der bereits im physischen Körper ausgebildet wurde, und gibt den Schüler somit in die Obhut eines Lehrers. Nun ist ein Lehrer kein Meister, und niemand, der diesen Namen verdient, würde diesen Titel für sich beanspruchen: seine Aufgabe ist es, den Schüler zu informieren, nicht ihn zu beherrschen.

Ein Lehrer, der seine Funktion angemessen erfüllt, muss übersinnliche Fähigkeiten haben, und es ist schlimmer als nutzlos für den Aspiranten, bei einem Okkultisten zu lernen, der diese Fähigkeiten nicht hat, denn wie soll der Blinde den Blinden führen? Die übersinnlichen Fähigkeiten sind das Auge der Seele auf den Ebenen der Form, und es muss ein angemessenes astrales Sehen vorhanden sein, wenn der Schüler richtig geführt und gut geschützt werden soll.

Ein okkulter Schüler braucht in den Anfangsstadien seiner Ausbildung ebenso viel Schutz wie ein Einsiedlerkrebs, der eine Schale verlassen hat, um eine andere zu suchen, sonst entwickelt er Nervenleiden und Erschöpfung; diese Beschwerden sind keine *conditio sine qua non* der okkulten Entwicklung, sie zeigen auch nicht die Spiritualität des Wesens, sondern sind ein Zeichen für eine mangelhafte Ausbildung; sie gereichen nicht zur Ehre des Schülers, sondern zur Diskreditierung des Lehrers. Eine okkulte Arbeit sollte nicht von einer Person in einem devitalisierten oder unausgeglichenen Zustand versucht werden; alles muss beiseitegelegt werden, bis er seine körperliche Fitness wiedererlangt hat, und es ist die Aufgabe des Lehrers, sich um den körperlichen Zustand des Schülers genauso sorgfältig zu kümmern wie um seinen geistigen Zustand.

Der Lehrer kennt den Schüler durch das Siegel des Meisters, das auf der Aura direkt über dem Kopf eingeprägt ist, aber wie soll der Schüler den Lehrer erkennen und sicher sein, dass er sich nicht in den Händen eines Scharlatans befindet? Erstens, weil der Lehrer kein Geld für seinen Unterricht verlangt. Dies ist der wichtigste Test eines okkulten Lehrers und schließt den Söldner effektiv aus. Ein Mensch kann zwar wohlmeinend und idealistisch sein, aber dennoch ein Narr; woher soll der Schüler wissen, dass er sich nicht in die Hände eines Inkompetenten begibt?

Er muss die gleiche Sorgfalt und Diskretion walten lassen, wie er sie bei der Abwicklung wichtiger Geschäfte auf der physischen Ebene walten lassen würde; er muss sich über den Ruf und den Werdegang der Person erkundigen, in deren Hände er sein spirituelles Leben legen will. Er muss den Charakter, die Gesinnung und die Art der Mitglieder der Gruppe, von denen der Lehrer umgeben ist, genau beobachten, denn hier sieht man den deutlichsten Hinweis auf die Art der erteilten Lehre, und es ist ein Hinweis, der nicht lügen kann.

„An ihren Früchten sollt ihr sie erkennen.“ Und der Suchende, obwohl er ein Narr ist, erkennt die Früchte des Geistes, wenn er sie sieht. Reinheit und Frieden, ein gesunder Geist in einem gesunden Körper; Nächstenliebe im Denken und Handeln, sowie in der Sprache als auch in den Schriften; Ordnung und Sauberkeit im Geist und in der Umgebung; fairer Umgang und die ehrenhafte Erfüllung von Verpflichtungen; und vor allem die einfache Freundlichkeit, die den menschlichen Umgang versüßt, „dagegen richtet sich kein Gesetz“, aber wo diese fehlen, ist Vorsicht geboten.

Jede okkulte Vorbereitung und Disziplin sollte den Charakter adeln und für eine Ausgeglichenheit des Verstandes sorgen. Wenn dies nicht der Fall ist, stimmt etwas nicht. Was nützt es einem Menschen, wenn sich der Himmel vor ihm öffnet und er seinen Verstand verliert? Es ist besser, fünf Sinne und geistige Gesundheit zu haben als übersinnliche Fähigkeiten und fehlendes Gleichgewicht. Ein Lehrer eines jeglichen Systems der okkulten Ausbildung kann nur durch Ergebnisse gerechtfertigt werden. Gute Absichten mögen dazu dienen, ein Individuum zu schützen, das sich auf der Suche nach Wissen für sich selbst ins Unsichtbare wagt, aber sie sind keine ausreichende Ausrüstung für denjenigen, der andere schulen will.

Manche schreien „Friede, Friede“, wo kein Friede ist und weigern sich, die Anzeichen des geistigen und körperlichen Verfalls ihrer Schüler zu sehen, und halten die Symptome der nervösen Anspannung für beginnende übersinnliche Fähigkeiten.

Da sie in den Prozessen des Verstandes nicht bewandert sind, erkennen sie Dissoziation und Halluzination nicht, wenn sie sie sehen, und betrachten abnormale Phänomene als Beweis für sich entfaltende Kräfte. Hellsichtigkeit ist eine Integration der Individualität, nicht eine Desintegration der Persönlichkeit.

Das große Problem, das den Seher immer bedrängt, ist das Problem der Synthese, der Aufrechterhaltung der offenen Kommunikation zwischen dem höheren und dem niederen Selbst und der Übersetzung des Abstrakten ins Konkrete, sodass es vom Bewusstsein assimiliert werden kann; kein Vorbereitungssystem, das dazu führt, dass die Persönlichkeit ihren Zusammenhalt verliert, kann zufriedenstellende Ergebnisse erzielen.

Andere Lehrer, die daran gewöhnt sind, mit einem ineffektiven System zu arbeiten, verlieren plötzlich den Kopf, wenn ein außergewöhnlich sensibler Schüler beginnt, Ergebnisse zu erzielen und sich natürlich an sie wendet, um Erklärungen und Anleitung zu erhalten. Da sie selbst nicht übersinnlich sind, können sie nicht sehen, was der Schüler sieht, und wenn nicht alles glatt läuft (und unter solchen Umständen ist es nicht sehr wahrscheinlich, dass es glatt läuft), geraten sie in Panik und lassen den Schüler fallen, wie eine heiße Kohle. Der Zustand eines solchen Menschen ist beklagenswert und endet in der Regel in einem schweren Zusammenbruch oder sogar in Wahnsinn. Der Zustand eines solchen Lehrers ist nicht weniger beklagenswert, auch wenn sich die karmischen Folgen vielleicht nicht so schnell manifestieren. Es kann nicht oft genug wiederholt werden, dass für alle okkulten Operationen und besonders für eine Einweihung eiserne Nerven erforderlich sind, und wenn ein Okkultist nicht die Fähigkeit hat, die Akasha-Chroniken zu lesen und das Karma eines Bewerbers zu erkennen und auch die Aura zu lesen und ihren Zustand zu beurteilen, sollte er es nicht auf sich nehmen, einen Schüler in der esoterischen Wissenschaft auszubilden.

Jeder wahre Eingeweihte weiß, dass er an dem Karma teilhat, das von jedem Schüler, den er ausbildet, erzeugt wird; wenn dieser Schüler sein Wissen gut anwendet und sich gut macht, wird der Eingeweihte dadurch befördert; eine hoch entwickelte Gruppe ist für jeden Okkultisten von unschätzbarem Wert, daher ist es töricht, aus Eifersucht die Fortschritte zu behindern. Andererseits hat der Missbrauch okkulter Macht eine verhängnisvolle Wirkung nicht nur auf die Person, die ihn begeht, sondern auch auf die Gruppe, in der sie ausgebildet wurde. So wie der Schüler vorsichtig sein sollte, wenn er sich in die Hände eines Lehrers begibt, so hat der Lehrer ein ebenso großes Bedürfnis, bei der Annahme eines Schülers vorsichtig zu sein, und ein Bewerber muss bereit sein, sich Prüfungen zu unterziehen, bevor man ihm vertraut. Er sollte sich vor stets geöffneten Türen hüten; wer Schätze hat, wird sie hüten.

Er muss jedoch bedenken, dass der Lehrer sein System dem Unvereidigten nicht offenbaren kann, und je mehr er weiß, desto weniger wird er geneigt sein preiszugeben, und selbst der Vorsichtigste muss bereit sein, ein gewisses Risiko einzugehen; aber wenn er in Anbetracht des Lehrers das Gefühl hat, dass er genauso werden will wie er, dann kann er sich mit gutem Gefühl einschreiben. Wenn er aber, nachdem er den Lehrer kennengelernt hat, das Gefühl hat, dass er dessen Charakter ablehnen muss, auch wenn er das Wissen ersehnt, wäre es unklug, überhaupt mit dieser Person zu verkehren, weil er feststellen wird, dass er in der Praxis nicht in der Lage ist, diese Unterscheidung aufrechtzuerhalten.

Ein Mensch kann Naturwissenschaft lehren, ohne dass irgendwelche Erwägungen des persönlichen Charakters in die Angelegenheit einfließen, aber nicht so bei der okkulten Wissenschaft. Die Essenz der okkulten Ausbildung liegt nicht in dem, was gelehrt wird, sondern in den Einflüssen, die vom Lehrer ausgehen und den Schüler allmählich auf immer höhere Schwingungen einstimmen. Der Lehrer muss die Kräfte des Meisters übertragen, bis der Schüler mit diesem Meister in Beziehung tritt: darin liegt der wahre Wert der Ausbildung, nicht in den Informationen, die vermittelt werden; alle lehren in etwa das Gleiche, manche etwas mehr, manche etwas weniger; es gibt keine große Divergenz zwischen den verschiedenen Schulen, aber es gibt einen immensen Unterschied in ihrer jeweiligen Vitalität und Reinheit.

Wenn ein Lehrer böse oder unsublimierte Aspekte in seiner eigenen Natur hat, werden diese Aspekte ihn mit den entsprechenden Potenzen in der unsichtbaren Welt in Berührung bringen, und wenn er versucht, die Kraft seines Meisters zu vermitteln, wird er mit gemischten Kontakten arbeiten, und die Ergebnisse werden für den Schüler eine unentwirrbare Mischung von Gut und Böse sein.

Unter solchen Umständen neigt ein Lehrer mehr und mehr dazu, sich von seinem Meister zu trennen, und arbeitet daher mit einer abnehmenden Flut, und wenn die höheren Kräfte versagen, kommen die unteren mehr zum Tragen.

Ein solcher Mensch ist eine äußerst gefährliche Bekanntschaft für jeden, der auch nur ein bisschen sensibel ist.

Wie stark er sich auch fühlen mag, kein Schüler darf hoffen, stärker zu sein als sein Lehrer, denn wenn dieser nicht mehr weiß als er, warum dann zu ihm gehen?

Man sollte nie glauben, dass man vor der Ernte den Weizen vom Unkraut trennen könnte.

Wenn der Lehrer ein Mensch mit einem unreinen Leben ist, wird der Anwärter in diese Unreinheit verwickelt werden; wenn der Lehrer skrupellos ist, wird er dessen Liebe zu Macht oder Gewinn geopfert werden.

Ich habe gehört, dass die Bereitschaft, sich mit Übeltätern einzulassen, eine der Prüfungen des Pfades ist. Es ist in der Tat eine Prüfung, dem Ausbilder in guten und in schlechten Zeiten beizustehen, aber eine schlechte Tat zu billigen, ist niemals eine Prüfung; die Prüfung ist in einem solchen Fall von gegenteiliger Natur.

Seid ihr bereit, eure Chance auf Einweihung eher zu verlieren, als sie aus unreinen Händen zu erhalten? Seid ihr bereit, das Wasser des Lebens abzulehnen, wenn es mit Schmutz verunreinigt ist? Von der Antwort auf diese Fragen hängt viel ab. Ist es die Prüfung, dass man um der Lehre willen Schmutz schlucken sollte? Oder sollte man die Möglichkeit wegen des Schmutzes ablehnen? Folgt eurem Instinkt. Er wird euch an den Ort führen, an den ihr gehört.

Aber denkt daran: niemand hat die Macht, euch die Einweihung zu geben oder zu verweigern; sobald ihr dazu berechtigt seid, beansprucht sie durch Recht, nicht durch Gnade. Wenn sich eine Tür schließt, öffnet sich eine andere. Beansprucht eure Einweihung von den Meistern, nicht von irgendeiner Loge, Bruderschaft oder einem Orden auf der physischen Ebene; und obwohl die Abstimmung einer solchen Versammlung die Macht hat, eine bestimmte Loge für euch zu schließen, hat sie nicht die Macht, den Orden zu schließen, wenn dieser Orden eine wahre okkulte Bruderschaft ist, denn in einem solchen Fall liegt die Entscheidung nicht bei denen auf dieser Ebene, sondern bei denen auf den inneren Ebenen, von denen der Orden seine Macht ableitet.

Wenn diejenigen, die die Hüter der Tore auf der physischen Seite sind, denen den Zugang beharrlich verweigern, denen er zusteht, wird der Strom der Kraft, der durch diese Tore fließt, in einen anderen Kanal umgelenkt werden, ein kahles und mit Geröll übersätes Flussbett wird zurückbleiben, wo einst ein schiffbarer Lauf war, und die Wasser des Lebens werden anderswo fließen; aber die Wasser des Lebens werden nicht aufhören zu fließen, weil das menschliche Urteil sie für privat erklärt.

Kein Wahrheitssuchender braucht das menschliche Urteil zu fürchten; die Angelegenheit betrifft nur ihn und seinen Meister und keinen anderen. Wenn er für die Einweihung bereit ist, wird er sie erhalten, wenn nicht von einer Hand, dann von einer anderen, und wenn er nicht bereit dafür wäre, wäre der größte Adept im Kosmos nicht in der Lage, sie ihm zu geben.

Zögert niemals, in okkulten Angelegenheiten kühn zu einem Prinzip Stellung zu beziehen, denn ihr habt mit Prinzipien zu tun und wenn ihr euch nicht darauf stützt, worauf sollt ihr dann euren Fuß setzen und einen festen Stand haben? Zweckmäßigkeit ist eine höchst gefährliche zweischneidige Waffe; geht dieses Risiko nie ein. Erhebt euch in allen Momenten der Schwierigkeit und Gefahr auf eine höhere Ebene und findet in den spirituellen Prinzipien die Lösung der astralen Schwierigkeiten. Lasst euch bei der Suche nach der Lösung eines okkulten Problems niemals von der Meinung anderer leiten. Schaut nach innen und versucht, die stille Stimme des Gewissens zu hören, denn sie ist für euch die Stimme des Meisters.

Aber bevor ihr darauf hört, ruft den Meister an und umgebt euch mit dem heiligen Kreis seiner Kraft, indem ihr ihn mit dem Finger in die Luft zeichnet, während ihr den Namen anruft; denn es gibt so etwas wie telepathische Suggestion, und wenn man Grund zur Annahme hat, dass diese am Werk ist, wenn sich im Verstand Ideen aufdrängen, die dort normalerweise keinen Platz finden würden, dann tut man gut daran, die Meditation, die den Weg klären soll, in einer Kirche durchzuführen, in der das allerheiligste Sakrament aufbewahrt wird, denn in diese Gegenwart und Potenz kann nichts kommen, was eine Lüge ist.

Die Wahl einer Schule des Okkultismus

Für diejenigen mit hoch entwickeltem Willen und Bewusstsein ist es möglich, durch rein intuitive und meditative Methoden Zugang zur Quelle der geheimen Weisheit zu erlangen, aber es ist ein erheblicher Grad an Förderung dieser Methoden notwendig, bevor dies möglich ist. Es gibt jedoch viele, die den aufrichtigen Wunsch nach solchem Wissen haben und die bereits die charakterliche Entwicklung erreicht haben, die sie dazu berechtigt, es zu erhalten, die es aber nicht erlangen können, weil ihnen die notwendige Bewusstseinstechnik fehlt, die es ihnen durch rein meditative Methoden zugänglich macht.

Für diese gibt es eine Ausbildungsschule, die zwar nicht den Anspruch erhebt, das Tor zu den unsichtbaren Welten zu öffnen, aber sie kann zeigen, wo dieses Tor ist, und den Schlüssel geben, der es aufschließt, wenn der Schüler den Weg beschritten hat, der ihn dorthin führt.

Mehr als das kann niemand tun, es sei denn, er entscheidet sich für den Einsatz von Drogen und Hypnose und zahlt den Preis, den diese verlangen.

Wie schon gesagt wurde: „Die Wege zu Gott sind so zahlreich wie die Atemzüge der Menschensöhne."

Es gibt sieben bekannte Pfade, obwohl zurzeit nicht alle als Einweihungswege zu Verfügung stehen, und auf jedem Pfad gibt es viele Schulen.

Die Wahl einer Schule hängt vom Temperament ab, denn alle, die nicht dem linken Pfad angehören, lehren einen Aspekt oder Grad der ewigen Wahrheit, der universell gültig ist.

Eine Schule der Esoterik entsteht gewöhnlich in Verbindung mit irgendeiner speziellen Erkenntnis der Wahrheit, die sie manchmal über ihr gebührendes Verhältnis zum Leben als Ganzes hinaus betont, aber es wird nie eine Lehre gefunden werden, die die Kraft hat, eine Körperschaft ernsthaft Suchender zusammenzuhalten, die nicht einen Funken des göttlichen Feuers in ihrem Herzen hat; deshalb sollte man allen, die aufrichtig suchen, Respekt zollen, wie weit sie auch vom Ziel entfernt zu sein scheinen, und alle, die sich mit der großen Suche befassen, sollten lieber versuchen, die Vision zu sehen, die ein Bruder erschaut hat, als die Irrtümer, denen er zum Opfer gefallen ist.

Keine Verkündigung der Wahrheit wird jemals vollständig sein, keine Erziehungsmethode wird jemals für alle Temperamente geeignet sein, niemand kann mehr tun, als das kleine Stückchen Unendlichkeit abzustecken, das er zu kultivieren beabsichtigt, und den ersten Spatenstich zu tun, im Vertrauen darauf, dass der Boden schließlich fruchtbar und frei von Unkraut sein wird, soweit sich die Grenzen erstrecken, die er sich selbst gesetzt hat; aber obwohl Arbeit für jedes Unternehmen unerlässlich ist, ist es Gott, der das Wachstum gibt. Eine Bruderschaft, die keine Erleuchtung außer der Inspiration ihres Gründers hat, ist durch die Kapazität seiner Persönlichkeit begrenzt und wird eine ausgebrannte Schlacke sein, wenn die Persönlichkeit sich zurückzieht. Eine esoterische Schule unterscheidet sich von allen anderen Schulen dadurch, dass ihre Weisheit zwar in ihrer Bibliothek gespeichert sein mag, ihre Kraft aber in den Kontakten mit den inneren Welten liegt, und ohne diese Kontakte kann sie ihren Schülern nicht die Kraft geben, die Theorie in die Praxis umzusetzen.

Alle Schulen des rechten Pfades lehren die gleichen Prinzipien, aber sie unterscheiden sich sehr in ihrer Fähigkeit, sie anzuwenden. Einige behaupten, dass es für uns ausreichen sollte, die Theorie zu kennen, und dass es eine gefährliche Anmaßung ist, ihre praktische Anwendung zu versuchen; andere behaupten, dass alle Erfahrung rein subjektiv ist. Das mag natürlich für die Schüler dieser Schulen zutreffen, aber für die Füchse, die einen Schwanz haben, gibt es keinen Grund, ihn abzuschneiden.

Solange das Studium der esoterischen Wissenschaft keine Früchte in der praktischen Anwendung hervorbringt, ist es der Beschäftigung eines ernsthaft denkenden Menschen unwürdig, und solange diese Früchte nicht die Früchte des Geistes sind, ist es des Studiums eines geistig denkenden Menschen unwürdig. Der Mensch hat vier Aspekte — physisch, emotional, intellektuell und spirituell — und jede Übungsmethode sollte alle vier berücksichtigen, wenn sie jenes Gleichgewicht der Natur herstellen soll, das allein Stabilität geben kann. Übersinnliche Fähigkeit wird leider oft mit Instabilität in Verbindung gebracht, aber nichts anderes als Stabilität und Festigkeit sind mit der Ausübung der okkulten Kräfte vereinbar.

Okkultismus ist nicht narrensicher; er stellt hohe Anforderungen an das geistige Durchhaltevermögen derer, die sich für sein Studium entscheiden, aber wenn er unter den richtigen Bedingungen betrieben wird, kann er Gutes bewirken, ohne dass eine Beimischung von Bösem unvermeidlich wäre. Es ist keine Beschäftigung für die Schwachen oder die Ängstlichen, wie rein ihre Absichten auch sein mögen, noch ist es ein gesundes Interesse für die Unreifen; da die Reife eine Frage der individuellen Entwicklung ist, ist es schwierig, eine scharfe und präzise Grenze zu ziehen, aber die Autorin hat kein Problem damit, wenn jemand unter dem Alter von fünfundzwanzig sich für diese Themen interessiert. Das erste Vierteljahrhundert des Lebens sollte der physischen Ebene gewidmet werden; wenn die Aufmerksamkeit zu früh auf die inneren Ebenen gelenkt wird, neigt sie dazu, den äußeren Ebenen Energie zu entziehen, bevor die volle Entwicklung des Alltagsbewusstseins erreicht ist, und diese Person wird eine unzureichende Kraft der Extrovertiertheit entwickeln und eher die Tendenz haben, dauerhaft introvertiert zu werden, während der richtig ausgebildete Okkultist einen ausgewogenen Rhythmus zwischen den beiden Aspekten des Bewusstseins beibehalten sollte.

Gleichgewicht ist der Grundton aller wahren esoterischen Schulung; für die unausgeglichene Natur ist die höhere Weisheit nichts als eine Gefahr; Stabilität ist ebenso notwendig wie Reinheit auf dem Pfad. Ein Sensitiver ist eine ganz andere Art von Mensch als ein Okkultist; und die Art der Ausbildung für einen Sensitiven ist ganz anders als die, die zur Ausbildung eines Okkultisten eingesetzt wird. Diejenigen, die sich in die unsichtbaren Welten wagen, können in drei Klassen eingeteilt werden: Mystiker, Okkultisten, Sensitive und Medien. Sensitive und Medien werden zusammen klassifiziert, weil das letztere nur eine Weiterentwicklung des ersteren ist; beide gehören zum negativen oder rein rezeptiven Aspekt des höheren Bewusstseins; beide sind passiv, beeinflusst von dem, was außerhalb des Selbst ist, ohne Macht, es zu kontrollieren; wohingegen sowohl der Okkultist als auch der Mystiker äußerst aktiv sind.

Die Kräfte sowohl des Sensitiven als auch des Mediums sollten Teil der Fähigkeiten eines voll ausgebildeten Okkultisten sein; er sollte in der Lage sein, das Unsichtbare so klar wahrzunehmen, wie es ein Sensitiver kann, und er sollte in der Lage sein, bei Gelegenheit als Übermittler von Kommunikationen von einer Ebene zur anderen zu agieren, aber er muss auch noch sehr viel mehr sein. Sein Ego sollte wie der Dirigent eines Orchesters sein, in dem die Fähigkeiten des Sensitiven und des Mediums zu den Instrumenten gehören, die ihm zur Verfügung stehen und die er nach Belieben abrufen oder zum Schweigen bringen kann. Es ist Mode unter Okkultisten, die Phänomene des Séance-Raums zu verunglimpfen, Phänomene, mit denen sie oft keine Bekanntschaft aus erster Hand haben, und damit tun sie meiner Meinung nach den Spiritisten unrecht.

Spiritismus ist einfach empirischer Okkultismus; und obwohl der Okkultist vor den Risiken zurückschrecken würde, die der Spiritist manchmal eingeht, ohne sich dessen bewusst zu sein, was er tut, und obwohl letzterer seine Sicherheit häufig der Tatsache verdankt, dass er in seichtem Wasser paddelt, gibt es keinen Anlass für gegenseitige Beschuldigungen. Jeder hat dem anderen viel zu geben. Die Experimente der Spiritisten sind für die niederen Grade des Okkultismus verboten, nicht weil sie böse sind, sondern weil sie für einen Okkultisten aufgrund der Potenzen, mit denen er in Berührung kommt, riskant sind; der Besitzer einer Taschenlampe kann mit seinem Mechanismus auf eine Weise experimentieren, die für eine Person, deren Lampe mit dem elektrischen Strom eines Kraftwerks verbunden ist, unklug wäre.

Es ist amüsant zu bemerken, dass, während der Okkultist den Spiritisten verteufelt, der Mystiker den Okkultisten misstrauisch betrachtet; dennoch ist ein Mystiker einfach ein introvertierter Okkultist und der Okkultist ein extrovertierter Mystiker. Beide streben das gleiche Ziel an, wenn auch mit unterschiedlichen Methoden. Der Unterschied zwischen ihnen liegt im Temperament, nicht im Ideal. Wenn das wissenschaftliche Temperament sich dem Unsichtbaren nähert, wählt es den okkulten Weg der Entwicklung, und wenn das künstlerische Temperament sich dem Unsichtbaren nähert, wählt es den mystischen Weg; das eine schreitet durch rechtes Wissen und das andere durch rechtes Fühlen voran, und beide treffen sich am Ende.

Unterschiedliche Methoden sollten uns niemals blind machen für die Einheit des Ziels.

Der Mystiker geht einen einsamen Weg, auch wenn er Mitglied einer Gemeinschaft ist; seine Visionen sind für ihn allein, und er hat oft nur wenig Vermögen, das zu lehren, was er selbst gelernt hat. Er erreicht die Höhen des Geistes und verweilt dort für sich; seine Erfahrung ist eine persönliche und kann nicht an andere weitergegeben werden. Er ist in erster Linie ein künstlerisches Temperament, das in den Dingen des Geistes wirkt; kreativ, freudig und inspirierend für diejenigen, die seine Kunst zu schätzen wissen, weil sie ihm wesensverwandt sind. Esoterik, ohne einen Hauch von mystischer Entrückung, wäre so eintönig wie eine Kultur, die keinen Platz für das Schöne hätte; aber eine spirituelle Kultur, die rein mystisch ist, hat wenig Bezug zu den Problemen der Menschheit und keine Botschaft für den einfachen Menschen.

Der okkulte Weg wird in Zusammenarbeit mit anderen beschritten, denn seine Gipfel werden durch Gruppenarbeit und den Einsatz von Ritualen erreicht.

Wir könnten durchaus von der mystischen Kunst und der okkulten Wissenschaft sprechen; und wenn wir so sprechen, werden wir daran erinnert, dass jede Kunst auf Wissenschaft basiert, und dass alle angewandte Wissenschaft an der Natur der Kunst teilhat. Die höchste Entwicklung wird erreicht, wenn der Mystiker das Wissen und die Technik eines Okkultisten hat, oder wenn der Okkultist im Herzen ein Mystiker ist. Der Mystiker kann dann die Lehren des Geistes in Begriffen des Intellekts ausdrücken und sie so jenen zugänglich machen, die kein höheres Bewusstsein als das des Verstandes haben; und der Okkultist, der an den Dingen des Geistes teilhat, wird jenes Element der Hingabe in seiner Natur haben, das denen so oft fehlt, bei denen der Intellekt vorherrscht. Ohne dieses Element ist die endgültige Synthese unmöglich; er wird nur wie ein exoterischer Philosoph sein, der einem immer weiter zurückweichenden Horizont folgt, weil er die Phänomene nur mittels der Wirkung studiert, die sie auf die Sinne erzeugen. Noumenales Bewusstsein, das das höchste Ziel des Esoterikers ist, ist nur demjenigen möglich, der sich tatsächlich mit dem vereinen kann, was er wissen möchte.

Das höchste Ziel der Verwirklichung ist der Logos, durch dessen Gebot (Fiat) alle Dinge sind; die Vereinigung mit dem Göttlichen kann nur durch Hingabe erfolgen, und die Vereinigung mit dem Göttlichen ist die ultimative Synthese. Zu ihr führen alle Wege, und in ihr finden alle Ziele ihre Verwirklichung. Der Mystiker sucht einen Zustand des Fühlens, in dem er eins mit Gott sein wird, und der Okkultist sucht einen Zustand des Wissens, in dem er eine vollständige Erkenntnis der Wahrheit finden wird; beide können Gott erkennen, aber keiner kann Gott in seiner Gesamtheit erkennen.

Deshalb wird in den kleinen Mysterien der Neophyt, dessen Temperament zum Okkultismus neigt, dazu gebracht, dem Mystischen Weg zu folgen, und der Mystiker wird auf den Okkulten Pfad gezwungen; erst wenn die großen Mysterien erreicht sind, wird beiden erlaubt, ihrer natürlichen Neigung zu folgen. Dies geschieht, um eine ausgewogene Entwicklung zu gewährleisten.

Der Pfad der Einweihung

„Wenn darum das Licht, das in dir ist, Finsternis ist, was mag das für eine Finsternis sein!" Der innere Christus ist der erste Einweihende. Der Eingang zum Pfad ist im Inneren zu suchen, nicht im Äußeren, denn er ist ein Zustand des höheren Bewusstseins. Aber sobald dieses Bewusstsein erlangt ist, ist der Pfad sowohl objektiv als auch subjektiv.

Einige Lehrer erklären den Pfad als völlig subjektiv und sagen, dass das Ziel der Einweihung die Vervollkommnung des Menschen ist; andere lehren, dass die Einweihung eine astrale Erfahrung ist; während das Volk oft glaubt, dass der Mensch, der die Einweihung sucht, sie an einem abgelegenen Ort hinter hohen Mauern finden wird.

Keines dieser Konzepte enthält die ganze Wahrheit, aber in allen steckt ein Fünkchen Wahrheit.

Um die Einweihung zu erreichen, ist die Anhebung des Bewusstseins auf einen höheren Grad notwendig, als er im Durchschnitt der Menschheit üblich ist.

Das Bewusstsein muss nicht nur die fünf physischen Sinne transzendieren, sondern auch die gewöhnliche Psyche, wenn die Erfahrung, die auf diesen Seiten mit dem Begriff Einweihung gemeint ist, erreicht werden soll.

Die Einweihung ist eine spirituelle, keine astrale Erfahrung; der Kandidat verlagert den Fokus seines Bewusstseins von der Persönlichkeit, der Inkarnationseinheit, zur Individualität, dem unsterblichen Ego oder der Evolutionseinheit, und das Bewusstsein der Individualität ist, da es abstrakt ist, in der Lage, die Dinge des Geistes zu begreifen, die keine Manifestation auf den Ebenen der Form haben.

Der Eingeweihte verlagert den Fokus seines Bewusstseins von der Persönlichkeit auf die Individualität, und deshalb sind Dinge, die dem gewöhnlichen Menschen verborgen sind, für ihn wahrnehmbar. Er lebt in einer Evolution, nicht in einer Inkarnation, und folglich sind alle seine Werte verändert.

Er kann tief in das Reich der Ursachen sehen und nimmt Ereignisse wahr, die sich auf den inneren Ebenen zusammenbrauen, lange bevor sie sich auf der äußeren manifestieren; deshalb hat er die Gabe der Prophezeiung.

Da er die Ursachen sieht, kann er sie oft kontrollieren; daher scheint er magische Kräfte zu haben.

Indem er auf den höheren Ebenen operiert, die als Steuerungsebenen für die niederen Ebenen fungieren, kann eine Kraft mit einer anderen ausgleichen, indem er seinen Willen in die Waagschale wirft, und so den Ausgang der Ereignisse auf der physischen Ebene verändern. Diese Dinge sind es, die dazu führen, dass der Eingeweihte als Besitzer magischer Kräfte angesehen wird; aber diese Kräfte gehören nicht der Natur der Magie an; der Eingeweihte erreicht seine Ziele, indem er die Kräfte seines höheren Selbst auf den höheren Ebenen einsetzt, so wie es der Wanderer tut, der auf sein Gebet eine Antwort erhält.

Der Pfad, der zur Einweihung führt, ist die Lebensweise, die den Menschen befähigt, sich über die Wünsche und Begrenzungen seiner Persönlichkeit zu erheben und in seinem höheren Selbst zu leben, und die Erfahrung der Einweihung ist die Übertragung des Bewusstseins von der Persönlichkeit zur Individualität.

Ein Mensch betritt den Pfad, sobald er den Wunsch dazu hat. Das ist der erste Schritt, und zwar ein sehr einfacher. Aber nur durch ein beständiges Verlangen setzt er einen Fuß vor den anderen, was dann das Beschreiten des Pfades ist. Nur sehr wenige Seelen haben die nötige Beständigkeit, um einen spürbaren Fortschritt zu erreichen; aber nur durch ein konstantes Verlangen wird das gewünschte Ziel erreicht, und der Kandidat wird im Besitz des notwendigen Wissens sein, das ihn befähigt, zielgerichtete Fortschritte zu machen und seine Bemühungen auf ein bestimmtes Ziel zu richten. Aus diesem Grund haben die Meister Organisationen gegründet und unterstützen sie, und diesen sollten diejenigen, die die Morgenröte gesehen haben, ihre Unterstützung zukommen lassen, aus Dankbarkeit für das Licht, das sie selbst empfangen haben, und damit der Pfad für andere leichter wird.

Durch die Bücher und Vorträge solcher Gesellschaften wird der Kandidat lernen, dass sein Traum tatsächlich eine Grundlage hat und dass sein innerer Drang auf einem wahren Instinkt beruht; sie werden ihm eine Karte des Pfades geben, obwohl niemand außer ihm selbst ihn beschreiten kann. Von ihnen erfährt er vom Ursprung des Menschen als göttliche Potenzialität, von seiner Evolution durch die siebenfachen Erfahrungen der Form und von seiner letztendlichen Transzendenz der Form in der Entwicklung der göttlichen Aktualität; er erfährt von den sieben Ebenen und den Möglichkeiten dieser Ebenen, und er erfährt auch von der Existenz der Meister.

Nachdem der Kandidat all diese Dinge gelernt hat, nachdem er sozusagen die Theorie der esoterischen Wissenschaft erworben hat, wie soll er diese Theorie in die Praxis umsetzen? Wie kann er persönlich das erfahren, wovon er gelesen hat? Er kann die Wahrnehmung der Astralebene durch den Einsatz von Autohypnose und Drogen erreichen; die Methode ist einfach, aber die Folgen sind für das höhere Selbst katastrophal. Er kann das Astrale auf der physischen Ebene durch den Einsatz von Magie manifestieren. Das Wissen um diese Methoden wird jedoch sorgfältig gehütet und ist nicht leicht zu erlangen, auch darf es nicht von irgendjemandem außer einem Adepten verwendet werden.

Der Weg zur Erlangung der persönlichen Kenntnis der höheren Welten kann leicht weitergegeben werden, obwohl er nicht so leicht praktiziert werden kann. Die Sinne der Individualität können diese Welten erkennen; wenn daher die höheren Aspekte des Menschen, die spirituelle Natur und die Kraft des abstrakten Denkens kultiviert werden, bis sie einen höheren Entwicklungsgrad erreicht haben, und wenn der Fokus des Bewusstseins dann von der Persönlichkeit, der Inkarnationseinheit, zur Individualität, der Evolutionseinheit, verlagert wird, wird es möglich sein, diese Aspekte der Natur weiter zu entwickeln, bis das Universum in Begriffen des abstrakten Denkens und der spirituellen Intuition begriffen wird. Die Verschiebung des Fokus des Bewusstseins wird erreicht, indem der Fokus des Verlangens von den Dingen der Sinne zu den Dingen des Geistes verschoben wird. Es genügt nicht, dass der Wille auf ein spirituelles Ziel gerichtet ist; es muss eine Entwicklungsstufe erreicht werden, auf der auch die spontanen Wünsche dorthin gerichtet sind.

Viele Möchtegern-Eingeweihte machen den Fehler zu denken, dass der Wille zur Einweihung ausreicht, aber das ist nicht der Fall; der Großteil der Wünsche der Natur, sowohl des Bewusstseins als auch des Unterbewusstseins, muss von den Dingen der Sinne weg zu den Dingen des Geistes hin gelenkt werden; und da das Unterbewusstsein vieles enthält, was die Kindheit der Rasse betrifft und zur Materie in ihren dichtesten Formen neigt, ist es notwendig, das Feld des Bewusstseins so weit auszudehnen, dass es in die Sphäre des Unterbewusstseins eindringt, um die Assimilation der instinktiven Wünsche zu gewährleisten und sie auf die geistige Natur zu lenken. Um diese Assimilation zu erreichen, müssen wir uns zuerst in unseren primitivsten Aspekten kennenlernen und dann diese Aspekte sublimieren, bis sie von der Persönlichkeit assimiliert werden können; denn erst wenn die Persönlichkeit selbst integriert ist, kann sie bewusst und aus eigenem erleuchteten Willen die Erfüllung ihres Lebens in den Idealen der Individualität suchen. Dies ist die Apotheose der Persönlichkeit; danach hungert die Seele ewig, denn sie kann in den Dingen der Sinne keine Befriedigung finden.

Die Vereinigung mit dem göttlichen Aspekt des Selbst, dem Gott im Inneren, muss der Erfahrung des Gottes des Ganzen vorausgehen, von dem es nur ein Teil ist. Die spirituelle Ebene der menschlichen Natur ist nur ein begrenzter Teil des Einen Geistes, des Alls, des noumenalen Aspekts der Manifestation.

Für das, was in sich selbst noumenal ist, oder eine grundlegende Realität, kann es keine Befriedigung in dem geben, was phänomenal ist, oder der Natur der projizierten Erfahrung angehört. Der Funke des göttlichen Lichts, der den Kern des reinkarnierenden Ichs oder der Individualität bildet, muss sich mit seinesgleichen verbinden, wenn er Gemeinschaft erfahren will; der spirituelle Aspekt des Herdentriebs kann nur durch die Vereinigung mit dem Geist Befriedigung erlangen; er hat keinen festen Platz in der Welt der Phänomene, und wenn das Bewusstsein jemals zur Erkenntnis spiritueller Realitäten abseits von Erfahrungen in der Welt der Form erhoben wurde, wird es nie wieder etwas als gültig akzeptieren, das nicht einen Kern einer solcher noumenalen Realität hat. Eine solche einmal erlebte Realität, die die vollständige Befriedigung des Lebens selbst und nicht irgendeines gesättigten Appetits mit sich bringt, bildet den Typus aller zukünftigen Befriedigung und bestimmt ihre Gültigkeit.

Sollte eine solche Erfahrung jemals in der Geschichte des inkarnierenden Ichs stattgefunden haben, wird sie nie vergessen, sondern Leben für Leben weitergeführt und dem Unterbewusstsein der Persönlichkeit, der Inkarnationseinheit, eingeprägt, bis die Evolution es ermöglicht, dass das Überbewusste bewusst gemacht wird.

Die erste Einweihung besteht aus dem Aufblitzen des kosmischen Bewusstseins, in dem das Ego mit den Augen des Geistes statt mit den Augen des Fleisches sieht. Dies wird nur durch die Erhöhung des Bewusstseins erreicht und kommt von innen.

Aber um eine solche Erfahrung in einer späteren Inkarnation zu reproduzieren, ist es nur notwendig, das Bewusstsein mit dem Unterbewusstsein durch eine Assoziationskette zu verbinden, um diesen besonderen Aspekt des unterbewussten Inhalts ins Bewusstsein zu bringen. Dies wird durch die rituelle Einweihung erreicht, und die Symbolik des verwendeten Rituals ist dazu bestimmt, das Bewusstsein entlang der entsprechenden Assoziationskette zu führen, die in der Erinnerung an das Licht der Wirklichkeit enden soll.

Die rituelle Einweihung kann nicht mehr tun als dies, aber das ist ausreichend; denn im großen Licht ist die Meisterschaft enthalten. Der entwickelte Hellseher oder voll ausgebildete Magier kann auf allen Ebenen der Manifestation ein Adept werden, aber jenseits davon liegt noch etwas, das mit dem verwandt ist, was in Bezug auf das solare Universum unmanifestiert ist, nämlich das Kosmische.

Niemand kann ein Eingeweihter genannt werden, der das kosmische Bewusstsein nicht erfahren hat. Die Grade der großen Mysterien ohne diese Erfahrung zu durchlaufen, kann nur eine psychische Erschütterung bedeuten, da die Augen von einem Übermaß an Licht geblendet werden, für das das Bewusstsein kein Symbol zur Interpretation besitzt; andererseits kann der Neophyt, wenn er richtig vorbereitet ist, das Licht hinter den Symbolen sehen und Erleuchtung empfangen.

Wenn die vorangegangenen Seiten verstanden werden sollen, dürfen sie nicht in ihrer wörtlichen oder verbalen Bedeutung interpretiert werden. Die Dinge, die hier beschrieben werden sollen, haben in der gewöhnlichen Sprache keine Worte oder Bilder, mit denen sie ausgedrückt oder dargestellt werden können.

Um zu ihrer Bedeutung zu gelangen, muss der Leser sie mithilfe von entsprechenden eigenen Erfahrungen interpretieren. Wenn er keine entsprechende Erfahrung hat, wird er den Eindruck, der hier vermitteln soll, nicht erhalten und wird diese Dinge nicht zu Unrecht als Torheit betrachten.

Solchen Lesern kann ich nichts anbieten; die Evolution muss ihre Arbeit tun.

Ende